U0608562

农业经济管理与发展研究

刘大志　张明明　李卫华　贺庆房　著

中国原子能出版社

图书在版编目（CIP）数据

农业经济管理与发展研究 / 刘大志等著. -- 北京 ：
中国原子能出版社, 2024. 12. -- ISBN 978-7-5221
-3954-8

Ⅰ. F302

中国国家版本馆 CIP 数据核字第 2024S9N774 号

农业经济管理与发展研究

出版发行	中国原子能出版社（北京市海淀区阜成路 43 号　100048）
责任编辑	张　磊
责任印制	赵　明
印　　刷	北京厚诚则铭印刷科技有限公司
经　　销	全国新华书店
开　　本	787 mm×1092 mm　1/16
印　　张	15
字　　数	230 千字
版　　次	2024 年 12 月第 1 版　2024 年 12 月第 1 次印刷
书　　号	ISBN 978-7-5221-3954-8　　定　价　**78.00** 元

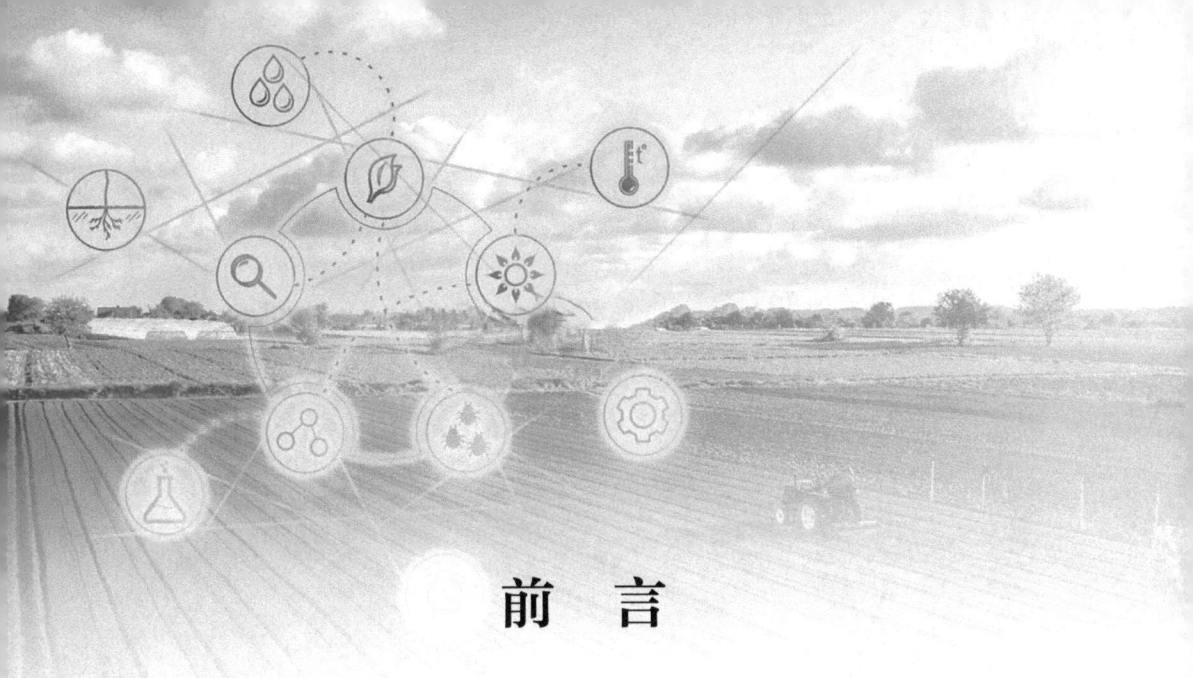

前　言

　　农业是社会经济中一个重要的组成部分，在我国国民经济中占有极其重要的地位，农业和农村经济能否持续稳定发展，在很大程度上影响着我国经济体制转轨的进程，是其中一个不容忽视的关键因素。农业不仅是人们的衣食之源、生存之本，而且对我国国民经济发展具有重要的贡献。农业除了具有经济职能和社会职能外，还具有生态职能，即净化空气、水，防风固沙，保持土壤和动植物种群平衡等职能。这些职能的发挥，给人们提供良好的生产和生活环境。

　　农村建设与发展一直都是我国经济发展和社会建设高度关注的问题。农业经济作为推动农村建设与发展的重要因素，其管理非常重要，农业经济管理将会影响农业经济整体发展及其经济效益水平。当前，我国正处于改造传统农业、发展现代农业的关键时期，大量先进农业科学技术、高效率设施装备、现代化经营管理理念被逐步引入农业生产的各个领域，因此，对农业经济管理和发展的研究需求越来越迫切。

　　笔者在撰写本书的过程中，参考了许多专家和学者的文献资料，在此致以诚挚的谢意。由于学识有限，书中不妥之处在所难免，还望读者指正。

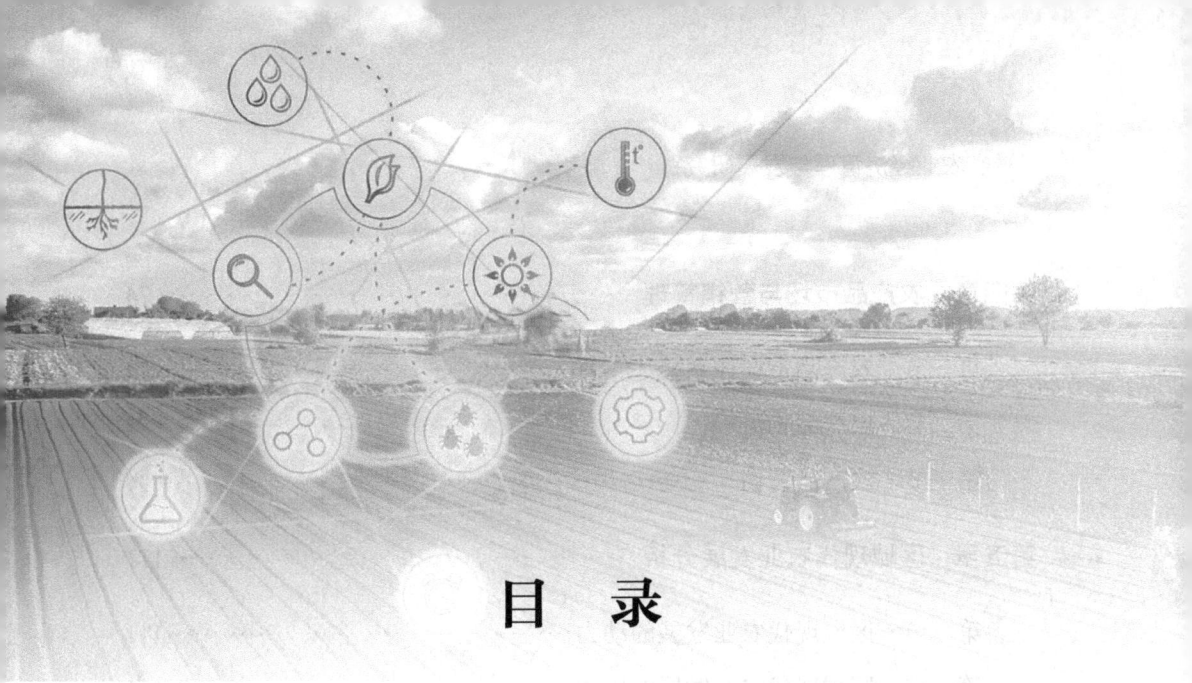

目　录

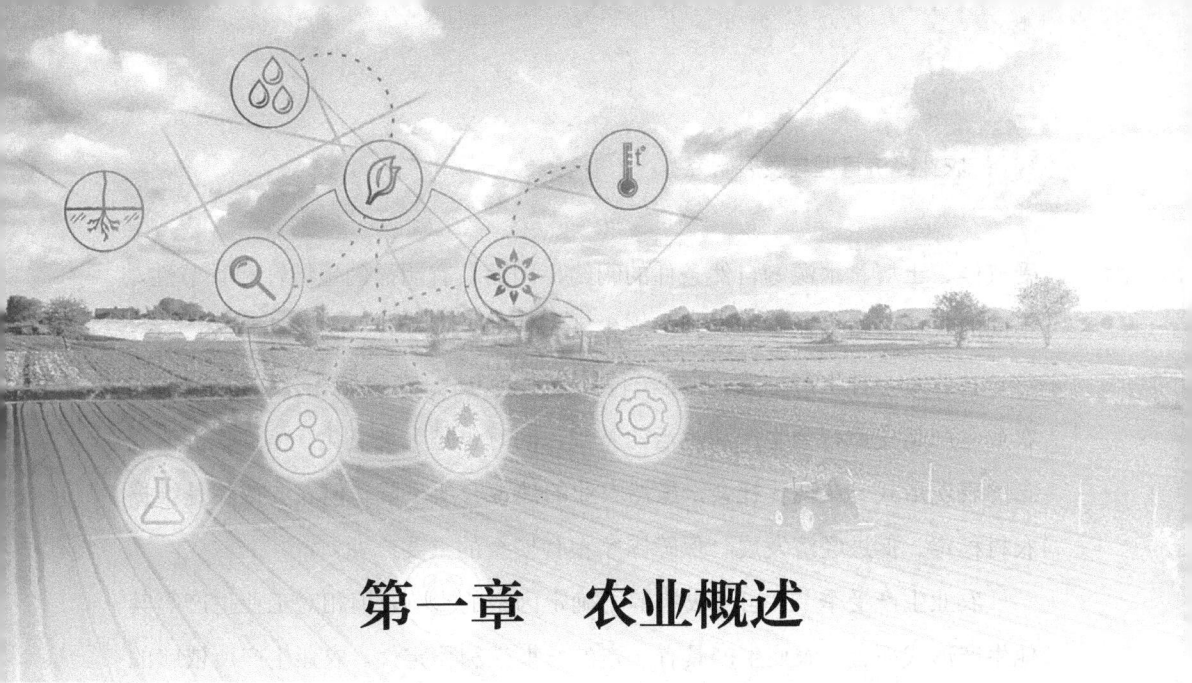

第一章　农业概述

第一节　农业的基本理论

农业是中国古代社会的主要生产部门。作为世界最早的农业起源中心之一，东亚地区早期农业的起源、传播与发展备受学术界关注。千百年来，我国一直以一个农业大国立足于世界，农业不仅是国民经济的主要命脉，亦是广大民众的最主要衣食之源，并在几千年的历史发展过程中，形成了大量与农事活动相关的资料记载，如各种劝农文、农书、农事政令等。

一、农业概述

（一）农业的内涵

农业是指利用动植物生长发育规律，通过人工培育来获得产品的产业。狭义的农业是指种植业，广义的农业是指包括种植业、林业、畜牧业、渔业以及为上述产业提供辅助性活动的行业。

农业是一种基于自然资源的生产方式。农业生产与自然环境息息相关，受气候、土壤、水源等自然条件的制约，因而具有明显的地域性和季节性。不同的农业区域，在发展过程中产生了独特的农业文化、习俗和传统。

农业是一种生产方式，也是一种社会生活方式。在原始社会和封建社会，农业生产是支撑社会生产和生活的基础，同时也是人类文化、信仰、价值观念的表现形式。在现代社会，虽然农业的地位有所下降，但农业依然是维护农村稳定、促进经济发展、保障国家粮食安全的重要产业。

农业生产受季节、自然灾害等不确定因素的影响，但相对工业生产等其他生产形式而言，农业生产具有一定的长期性和稳定性。农业生产所依赖的种植、养殖等生产活动，需要一定的时间和精力来积累和沉淀，以获得良好的效益。

农业是一种不断创新、进步和发展的产业。在农业生产中，人们不断进行探索和尝试，在新技术、新品种、新耕种方法等方面进行不断地创新和改进。随着科技的进步和人类认识水平的提高，人们逐渐掌握了新的科学方法，改进了传统农业生产中的种植、养殖技术，逐步实现农业生产的精细化、智能化、高效化。

（二）农业政策与管理

1. 农业政策的演变

在过去的几十年中，我国农业政策发生了重大的演变。最初，农业政策主要集中在土地和劳动力的分配以及对农产品价格和销售的控制上。后来，政策重点逐渐转移到了农业的现代化和农产品市场经济的发展上。

当前，我国农业政策的核心是通过各种手段提高农业生产效率，改善农民生活。政府出台了一系列有利于农民的扶持政策，如农村低保、农村医疗保险和养老保险等。此外，政府还扩大了对农业生产的补贴，以鼓励农民增加农业资本和科技投入。

2. 农业政策与管理的优化与完善

当前，随着国家政策的不断调整和完善，农业政策对农业经济发展的影响越来越大。农业政策的实施对农村经济建设、科技进步、资源利用和生态环境等方面都有着深远的影响。同时，农业管理也在逐步完善中，对于促进农业发展和提高农业效益也起到了重要的作用。在这种背景下，农业政策与管理的优化和完善，将直接影响到农业经济的发展。

一方面，各级政府在实施农业政策时，必须考虑到经济效益、社会效益、生态效益等各个方面的平衡，充分发挥政策的引导作用，促进农业经济发展。另一方面，在农业管理方面，各级政府也需要不断地加强对农业生产经营的管理和指导，提高农民的素质和经营水平，积极推进新农村建设，加强对土地、水资源、生态环境等方面的保护和管理，全面提高农业发展水平。

当前，为了促进农业经济的良性发展，各级政府也在积极推进农业政策与管理的改革。在政策方面，政府不断加大对农业的扶持力度，提高补贴标准，扩大资金投入，鼓励农业企业的发展，支持农民的联合组织和合作社的建立，调整发展模式，引导农民走科学可持续发展的道路。在管理方面，政府加强对农业生产的引导和管理，加强对农村劳动力的培训和技术指导，推广先进的种植与养殖技术，促进农村一、二、三产业相互融合，提高农业生产的综合效益。

在农业政策与管理的发展过程中，必须充分考虑到不同区域、不同类型农业的实际情况，制定符合当地实际情况的政策与管理措施。同时，在政策与管理的实施中，还需要加大宣传力度，提高农民的认识，增强其责任心和主动性，积极配合政府的工作，共同推进农业经济的发展。

农业政策与管理对于农业经济的发展至关重要。只有在政策与管理的不断优化与完善下，才能实现农业的可持续发展与高质量发展，提高农民的生活质量，推动农业现代化建设，为实现全面建成社会主义现代化强国做出更大的贡献。

二、农业的起源与发展

（一）农业的起源

农业的起源是人类文明发展史上的一个重要事件。随着人口的增加和社会分工的出现，人类生产方式也由狩猎采集逐渐向农业生产转变。这一过程在世界各地都有所体现。

我国早在约 1 万年前的新石器时代晚期就开始进行简单的农业生产，如栽种谷物等（采摘野果不属于农业生产行为）。汉代时期，农业生产达到了相对完善的程度，种植技术开始有所创新，如深耕、农业水利工程建设等。

印度在公元前 7 000 年左右开始进行农业生产，主要是种植小麦、大麦、豆类等作物。随着文明的进步，农业生产技术也在不断发展。

美洲地区的印第安人在公元前 4 000 年左右开始进行玉米、豆类、南瓜等作物的种植。与此同时，欧亚大陆西部的古希腊、古罗马、古埃及等地的人们也在进行着各自的农业生产，如谷物、葡萄、橄榄等的种植。

总体来说，世界各地的农业起源虽然有一定的时空差异，但它们都表现出了人类适应自然、生产方式的演变、技术水平的提升等方面的共性特征。

（二）农业的发展

农业的发展历史可以追溯到人类文明的开始。人类最初是以狩猎和采集为生，但随着时间的推移，人们发现了种植作物的好处，从而形成了农业。自此以后，农业开始发展壮大，并逐渐取代了狩猎和采集成为人类主要的生产方式。

在农业的发展史上，可以分为三个时期：野生农业时期、自然驯化农业时期和人工驯化农业时期。野生农业时期，人们只是采集自然界中的野生果实和植物，没有人工干预。自然驯化农业时期，人们开始种植和驯化野生植物，如稻、粟、麦等，但驯化程度不高，产量较低。人工驯化农业时期，人们开始对植物进行深入研究和改良，得到了更高的产量和品质。例如在我国战国时期，人们已经开始改良稻米，从而逐渐发展出了丰富的水稻品种。

随着时代变迁，农业逐渐成为人类社会的重要组成部分，对于人类的生存和发展起到了关键作用。从农业生产中获得的食物、纤维等可以满足人们基本的生活需求；而农业文明也孕育了艺术、科学和思想等众多的文化元素。

今天，世界各地都在努力推广绿色、可持续的农业生产方式，更加注重生态环境保护和人类健康。同时，农业的现代化、产业化也成为全球范围内的热点话题。

三、农业的地位及其重要性

（一）农业在人类经济中的地位

农业是人类社会的基础产业之一，其在人类经济中的地位举足轻重。首先，农业承担着粮食生产和提供原料的重要职责。农业在保障人类生存和发展方面发挥着至关重要的作用。其次，农业对于农村的经济发展和农民的生计都具有不可替代的意义。在很多农村地区，农业生产是农民主要的经济来源。此外，农业还提供了大量就业岗位，成为农村劳动力就业的主要渠道。因此，农业在维护社会稳定和促进社会和谐方面发挥着不可忽视的作用。

在国家和社会层面上，农业的地位也同样不容忽视。作为国民经济的重要组成部分，农业生产的稳定和发展是保障国家粮食安全和经济发展的重要基础。农业在国家和社会中的地位是不可替代的。同时，农业对国民经济增长、社会稳定等方面也都起到非常重要的支撑作用。此外，农业与农村经济的发展密切相关，是农村现代化必不可少的因素之一。

农业在全球可持续发展中也发挥着不可忽视的作用。在全球化趋势背景下，农业成了国际贸易的重要组成部分，同时也承担着生态、环保等责任。在可持续发展的理念下，农业生产需要更多地考虑生态保护和资源利用的平衡，发挥农业的作用实现可持续发展是我们的重要任务。

因此，农业在人类经济中的地位至关重要，对于国民经济发展、社会稳定和全球可持续发展都起着至关重要的作用，未来需要更多地关注、支持和发展农业，让其发挥更大的作用，做出更多的贡献。

（二）农业对于国家和社会的重要性

农业作为一种最早的生产方式，在人类社会中扮演了重要的角色。无论是在中国还是世界各国，农业的发展都有着深远的影响。

首先，农业在现代工业化社会中依然扮演着至关重要的角色，它不仅提供了粮食和农产品供给，而且还是国家和地区农村经济和农民收入的重要来源。农业产业的发展，也可以为国家提供更多的贸易机会和投资机会，推动经济增长。

其次，农业对于农村地区的发展具有重要意义。农业作为农村经济的主要产业，不仅可以带动相关产业的发展，还可以扭转农村地区人口外流的趋势，为当地居民带来更好的生活条件和生态环境。同时，农村地区的发展也能够进一步缩小城乡差距，提高整个社会的发展水平。

最后，农业在全球可持续发展中也有着不可或缺的作用。传统农业生产方式的不可持续性已经引起了国际社会的广泛关注，因此，如何实现农业的可持续发展已成为世界各国共同面临的问题。农业生产的可持续性涉及生态环境、社会经济和人口稳定等多方面的因素，而有效地解决这些问题也需要各国共同努力。

综合来看，农业对国家和社会的重要性不言而喻。农业作为一个人类社会最基本的生产方式，对经济和社会的发展具有深刻的影响，同时也需要各国在可持续发展的道路上不断努力。

四、农业的作用

（一）农业对粮食安全和人类生存的贡献

农业是人类赖以生存的基础产业，对粮食安全和人类生存有着重要的贡献。

首先，农业保障了全球人口的粮食供应。全球约 60%的粮食由农业产出，而且这一比例仍在不断增长。

其次，农业生产使不同地区的人类得以生存。众所周知，人类生活必需的物质之一就是粮食。农业在粮食生产中发挥了至关重要的作用，使得各地的人民都能够获得充足的粮食。另外，农业还为人类提供了丰富的食材，这些食材深受人们喜爱，成了各个国家和地区饮食文化的重要组成部分。

最后，农业可以为农村地区的人民提供就业机会，进而减轻农村人口向城市转移的压力。农业还可以振兴萎靡的乡村经济，实现城乡共同发展。

综上所述，农业对粮食安全和人类生存有重要的贡献。而这种贡献的程度仍在不断地提升，这为我们在农业领域的不断探索提供了无限的动力。

（二）农业对环境的影响

农业作为人类最古老的生产方式和生活方式之一，不仅为人类创造了丰富的物质财富，还对环境产生了深远的影响。农业对环境的影响与众多因素有关，包括自然条件、农业生产方式、作物等方面。在这些方面，农业既可以对环境产生有益的影响，也会对环境产生负面的影响。

一方面，农业对于环境的正面影响表现在多个方面。首先，农业能够通过耕种和养殖等方式改善土地环境，促进土地生产力的提高。其次，合理使用化肥和农药等能够保护作物，提高农业生产效率。最后，一些作物还能够增加土壤有机质的含量，提高土地肥力，从而实现对环境的保护和修复。

另一方面，农业对于环境也会带来负面的影响。首先，农业生产中大量使用化肥、农药等化学肥料，容易导致土壤酸化。同时，这些肥料渗入地下水，会对水源造成污染。其次，农业生产对土地资源的消耗也不容忽视。大规模的农田开垦、种植和养殖也会导致土壤侵蚀和沙漠化等问题。最后，农业生产的排放物还会对空气质量产生影响，尤其是畜禽养殖业会产生氨气、硫化氢等有害气体，严重影响空气环境。

综上所述，如何实现农业的可持续发展成为当前亟待解决的问题。因此，人们需要在农业生产的过程中采用科学环保的措施，促进农业的可持续发展，提高生态系统的稳定性。这包括从源头上控制化肥、农药等化学物质的使用，加强土壤的保护和修复，推广有机农业及生态农业等。同时，通过实施农村生活垃圾处理、畜禽养殖的污染治理等措施，减少农业的负面影响，实现可持续发展。

（三）农业对经济的推动作用

随着人口的增加和经济的发展，社会对农产品的需求也随之增长。农业作为国民经济的重要组成部分，在推动经济发展中发挥着重要作用。农业的发展不仅可以增加国内生产总值，还可以提高农民的收入水平，推动农村地区的经济发展。

首先，农业通过提供丰富的农产品为其他行业的发展提供了充分的物质保障。农产品是工业、服务业和商业等其他领域不可或缺的原材料和中间产品，其生产和供应与国民经济的各个领域密切相关。

其次，农业的发展可以刺激工业和服务业的发展。农业生产中需要各种设备和材料，包括机械、化肥、农药等，其生产和销售与工业领域密切相关。同时，农村地区还需要各种服务，如种植技术、兽医服务、农机维修等，这也为服务业的发展提供了机会。

再次，农业的发展可以促进区域经济的协调发展。农业产业链包含了从农田到餐桌的各个环节，其发展需要各种资源和服务，包括土地、水资源、人力资源等。这为地区间的协调发展提供了机会，促进了农村和城市之间的联系和交流。

最后，农业的发展可以促进贸易和对外经济合作。农产品的生产和贸易是国际经济合作中重要的组成部分。通过贸易和合作，可以促进不同国家和地区农业的发展，提高农产品市场的竞争力，树立良好的国际形象。

综上所述，农业在推动经济发展中发挥着至关重要的作用。为了充分发挥农业的潜力，人们需要加强农产品生产技术的创新和推广，提高农业生产效率，构建完善的农业产业链和市场体系，以及推动农业和其他领域的协同发展，共同促进经济持续、健康地发展。

（四）农业对社会和文化的影响

农业作为人类社会的重要组成部分，在经济、环境和生存等方面扮演着重要的角色。但除此之外，农业对社会和文化的影响同样不可忽视。农业文化是人类文化的重要组成部分，包含着农村文化的内涵，具有悠久的历史和丰富的文化内涵。

首先，农业文化可以促进社会生活的发展。作为一种基本的社会经济形态，农业文化在人类社会发展的各个历史阶段都扮演着重要的角色。在农耕社会中，农耕文化是具有强烈地域性的文化形态，随着历史的发展逐渐演变成为一种历史地域文化，并且对于社会生活有着深远的影响。

其次，农业文化对社会风俗习惯的形成和发展具有重要作用。农耕文化包含了丰富的风俗文化，如"春节""中秋节""清明节"等传统节日均与农业相关。在祭祀、娱乐等重要活动中都有农业文化的呈现，这种文化形式不仅仅是一种习俗，更是人类文化的重要组成部分。此外，由于农耕文化是一种传统的文化形态，在现代化、城市化、信息化等因素的影响下，农耕文化的保护和传承显得格外重要。只有如此，才能传承和发展我国的历史文化。

最后，农业文化是促进社会和谐发展的重要力量。在现代社会中，随着城市化的加快和现代化的发展，农业文化的影响力逐渐弱化，但农业文化作为一种传统的文化形态，在社会和谐发展过程中依然扮演着重要的角色。在经济转型、国家工业化的背景下，注重农村文化建设，发挥农业文化的优势，可以带动农业产业的发展，促进城乡一体化、农村现代化的形成，同时也有助于涵养社会文明，培育和传承优秀的传统文化。

综上所述，农业文化作为农业的重要组成部分，不仅对经济、环境和生存等方面有着深远的影响，同时也对社会和文化的发展有着不可替代的作用。在未来的发展中，应该加强对农业文化的保护，推动农业文化的传承，

发挥其在社会和谐发展过程中的积极作用，让农业文化在现代社会中焕发出新的生命力。

五、农业的未来发展

随着科技的不断发展，农业也开始了自己的现代化之路。农业现代化是以科技创新为基础，以提高农业生产效率和质量为目标的现代化进程。在科技的推动下，现代化的农业已经成为农业发展的主要方向。

目前，我国的农业生产早已不再依靠传统的手工种植，而是借助各种现代农业工具和机械进行的。例如，农用机械在收割、耕作、喷洒等方面的应用均取得了很大的进步。智能化的现代农业也得到了广泛关注。现在，各地农业生产中使用的各种智能化设备就像一个小型的现代化工厂，可以实现自动化生产、自动化管理以及远程监控等。

除此之外，农业科技创新也成了现代农业不可或缺的部分。随着科技的不断进步，我们拥有了各种优良的作物品种，可以有效应对各种气候环境所带来的挑战。农业科技创新已经成为推动现代农业发展的重要动力，对于提高农业生产效率和质量具有重大的意义。

在未来，农业现代化和科技创新还可以作出许多贡献。例如，人工智能、大数据等科技的发展将会给农业带来更多的机遇和挑战。农业生产将变得更加智能、自动化，农业科技将成为农业发展的重要推动力。随着农业向着现代化和科技化转变，农业生产将会变得更加高效，产生更多经济效益。

随着社会的进步和科技的发展，人们对农业的可持续发展和未来发展方向越来越关注。农业作为人类社会发展的基石，必须保持其发展的可持续性。

首先，农业的发展应该更加注重环保和生态建设。农业生产是人类与自然界相互作用的重要领域，应该注重保护环境和生态平衡。同时，应该推广生态农业和绿色农业模式，减少对环境的污染和破坏。

其次，农业的可持续发展需要高素质人才的支持。农业生产需要技术、管理、市场等多方面的专业知识支持，要培养一批专业人才，提高农业生产的效率和质量。

再次，农业现代化和科技创新是实现农业可持续发展的重要手段。现代化和技术创新可以提高农业生产效率，降低生产成本，同时满足不同消费者群体对农产品的需求。因此，应该加强对农业现代化和科技创新的投资和支持，推广新技术、新品种和新模式，带动农业产业的发展。

最后，农村发展是农业可持续发展的重要基础。农业生产需要土地、气候、水等自然资源，这些资源都集中在农村地区。因此，农村经济的发展将直接影响到农业的可持续发展。我们应该注重农村经济的发展，提高农村的生产力和生活水平，进而促进农业的可持续发展。

第二节　农业产业结构

一、农业产业结构概述

（一）农业产业结构的概念

农业产业结构，是指在一定区域（地区或农业企业）范围内，农业各生产部门及其各生产项目在整个农业生产中相对于一定时期、一定的自然条件和社会经济条件所构成的特有的、比较稳定的结合方式。简单地说，农业产业结构就是指农业各产业部门和各部门内部的组成及其比例关系。它不仅要从投入和产出的角度反映农业系统中各组成部分之间在数量上的比例关系，而且还要从相互联系的角度反映各组成部分在整个系统中的主从地位、结合形式和相互作用。

（二）农业产业结构的特点

1. 农业产业结构具有多层次性

农业产业结构可划分为若干层次。首先，它表现为农业内部农、林、牧、渔业的结构。这一层次的结构是农业的一级结构。其次，在农业各业内部又包括产品性质和生产特点不同的生产项目，如种植业内部包括粮食作物、饲料作物、经济作物、其他作物等，这些生产项目的组合比例构成了农业的二级结构。再次，经济作物又可以分为纤维作物、油料作物、糖料作物等，这些作物的组合比例构成了农业的三级结构。以此类推，农业产业结构还可以细分出更多的层次。

2. 农业产业结构具有整体性

结构是构成事物整体的各要素相互联系、相互作用的方式或秩序，尽管农业生产可以分解为许多层次和侧面，但作为结构它是一个有机整体。这就要求我们在安排农业产业结构时，要从系统的观念出发，使农业内部各部门、各项目之间的关系相互协调，从而发挥最大的整体功能。

3. 农业产业结构具有动态性

农业产业结构虽然表现为一定空间范围内农业生产部门或生产项目之间的组合关系，但农业产业结构的形成受多种因素的制约，这些因素会随着时间的推移而变化。因此，农业产业结构也会随着时间的推移而发生变化。但另一方面，农业产业结构也具有相对稳定性，因为制约农业产业结构的各种因素也是相对稳定的。这个特点要求我们在调整农业产业结构时要充分注意农业产业结构的稳定性与动态性的关系。

4. 农业产业结构类型具有多样性

农业产业结构根据其所包括的生产部门、生产项目的比例关系不同，可分为农牧结合型、农林结合型、农林牧结合型等类型。根据其生产部门、生产项目之间的结合形式的不同，又可分为直接结合型和间接结合型。前者指各生产部门、各生产项目之间，一方面存在着土地、劳力、资金等生产要素的相互调剂与支援关系；另一方面存在着相互供应物质和能量的直接结合关系（如种植业为畜牧业提供饲料，畜牧业为种植业提供肥料）。不同的结构类型形成的条件不同，产生的效益也不同。

二、农业产业结构的影响因素

农业产业结构的形成既受自然规律的制约，也受经济规律的制约。在一定时空范围内，农业产业结构的影响因素主要有以下几个方面。

（一）自然资源条件

农业以自然再生产为基础，所以农业生产与自然条件的关系极其密切。首先，农业生产的对象是有生命的动植物，而各种动植物都有各自的生长发育规律，都需要与之相适应的自然资源条件，如土壤、水源、气候等；其次，不同地区的自然资源差异很大，由于自然资源具有区域性的特点，与之相适应，不同地区的农业产业结构会表现出不同的特点。

（二）社会需求

农产品是用以满足人们生活需求而生产的，这一特性决定了人口的数量、年龄构成、消费习惯等因素对农业产业结构产生着深刻的影响。农业生产必须以市场需求为导向，按市场需求来安排生产，这样才能使农产品顺利地通过流通进入消费领域，从而实现农产品的价值。人们对农产品需求的多样性决定了农业生产内容和产品的多样性，从而形成了一定的农业产业结构。

（三）生产力发展水平

生产力是人们利用自然和控制自然的能力，生产力水平越高，人们对自然资源的利用能力就越强；生产力发展水平还影响着社会消费及需求。在影响农业产业结构的众多因素中，决定性因素是生产力发展水平。在生产力水平低下的阶段，农业生产只能是被动地适应自然；在生产力水平较高的阶段，农业生产则可以积极地利用和改造自然。另外，在生产力水平较低的阶段，有限的资源往往首先用于满足人们生存的需要，在农业产业结构上往往表现出以粮食生产为主的局面；而随着生产力水平的提高，农业生产就能满足人们多样化的需求，农业产业结构也会发生相应的变化。

（四）体制与政策的影响

经济体制不同，对资源的配置方式就不同，农业产业结构也会受到影响。在计划经济体制下，农业生产单位没有生产经营自主权，在农业产业结构上往往表现为既不能适应社会需求，又不能充分发挥本地区、本单位的资源优势。在市场经济体制下，农业生产以市场为导向，农业产业结构往往能发挥本地区本单位的资源优势，并适应市场需求的变化。另外，宏观政策也对农业产业结构有着巨大的影响，在同样的经济体制下，政府的政策导向不同，农业产业结构也会表现出不同的特点。

三、农业产业结构变化趋势

决定农业产业结构的各种影响因素会随着时间的推移而发生变化，因而农业产业结构也会相应地发生变化。一般来说，农业产业结构具有如下变化趋势。

（一）粮食生产的基础性地位得到保护

在所有的农业生产中，粮食生产始终处于优先发展的地位。首先，粮食是人们最基本的生活资料，农业产业结构的安排总是在满足了粮食的需求之后，如果还有多余的耕地、劳动力等生产资料，才可以用来发展粮食以外的其他农产品生产；其次，畜牧业及渔业生产的发展必须建立在粮食及饲料生产的基础之上；最后，粮食是战略物资，粮食生产的安全关系到整个国家和社会的稳定。因此，在粮食生产在农业中的比较效益不断下降、在种植业中的比重不断下降的情况下，很多国家都对粮食生产采取了保护性政策措施，如价格保护、农业投入要素补贴、进口限制等。

（二）畜牧业所占比重逐步增大

从发达国家农业生产发展历程来看，畜牧业在农业中所占的比重越来越大，其发展速度也大大超过了种植业。同时，在畜牧业中，提供低脂肪、高蛋白畜产品的畜牧生产比重日益增加。这一趋势说明，随着社会整体收入水平的提高，人民消费水平也逐步提高，对食品的需求结构发生变化，已经从单一的依靠粮食转变为粮食加菜肉蛋奶等比较合理的饮食结构。

（三）种植业中饲料生产所占比重逐步增大

随着人们的食品需求从低级向高级转换，畜牧业得以较快地发展，进而导致对饲料需求的增长，种植业生产的粮食越来越多地被用作饲料，饲料作物的栽培随之迅速增加。种植业由原来的"粮食作物+经济作物"的二元结构逐步转变为"粮食作物+经济作物+饲料作物"的三元结构。

（四）种植业中经济作物所占比重逐步增大

随着社会经济的发展，工业对棉花、天然橡胶、糖料、中药材等原料性经济作物的需求逐步增加；城乡居民对蔬菜、水果、花卉等消费性经济作物的需求也在增加。而种植经济作物的经济效益一般好于粮食作物，这使得经济作物在种植业中所占的比重逐步增大。

（五）林业受国家的特别支持与保护

在整个生态系统中，森林是地球表面陆地生态系统的主体。森林生态系统具有涵养水源、调节气候、防风固沙、保持水土、固碳放氧、净化大气等多种生态功能。森林除了具有经济功能，还是人们休闲和旅游的重要去处，因而衍生出许多社会文化功能。森林的生态功能和社会文化功能是林业生产的溢出效益，很多国家对林业生产进行支持和保护，以稳定和提高森林覆盖率，使森林所有者和经营者的行为符合社会和生态发展的需要。

四、农业产业结构评价

（一）农业产业结构评价标准

农业产业结构合理化是指通过对农业产业结构的调整，使一个国家或地区的农业资源得到最合理的配置，从而使农业生产取得最好的效益。

农业产业结构是否合理是一个相对的和发展的概念，呈现出地域上的差异性和时间上的动态性。所谓相对，是从空间上来说的，即相对于一个国家或地区的自然、经济、社会条件而言，农业产业结构是否合理；所谓发展，是从时间上来讲，相对于一定历史时期的生产力水平而言，农业产业结构是否合理。在一定的时空条件下判断农业产业结构是否合理，可以从以下几个方面进行分析。

1. 农业生产资源的利用情况

农业生产结构是否合理首先要看其对农业生产资源的利用是否合理。农业生产资源范围很广，主要包括自然资源和社会经济资源两大类。具体包括劳动力资源、资金资源、技术资源、土地资源、水资源、光热资源、气候资源等。农业生产资源能否得到合理利用决定了农业生产的综合效益，也决定了农业是否可持续发展。一个国家或地区的农业自然资源是多种多样的，但又都是有限的。同时，这些不同的自然资源所适应的农业生产部门和项目是不同的。因此，农业产业结构必须同本国或本地区的资源禀赋相适应，这样才能使自然资源得到充分利用，并发挥区域资源优势。充分利用现有的农业生产资源是提高农业生产效益的关键途径，以土地资源为例，不同农作物对土地的使用时间有差异，使用空间也不尽相同，所以，为了充分利用土地资源，必须合理安排农业生产项目，做到农业项目错时实施，空间上高低搭配。相对于其他物质生产部门，农业生产对自然资源的依赖性更大，农业社会经济资源能否充分有效利用则与农业产业结构密切相关。

2. 各部门应协调发展

合理的农业产业结构应该是各部门密切配合、相互促进、相互补充、协调发展。例如，林业的发展不仅能提供木材和其他林产品，而且还可以保护和改善农牧渔业的生态环境；种植业提供的各种饲料是发展畜牧业的物质基础；畜牧业的发展又为种植业提供有机肥料和畜力，并能充分利用种植业的各种副产品等。农业产业结构必须能适应和促进这种关系，从而提高农业生产的社会效益和经济效益。

3. 能够满足市场对农产品的需要

农产品对市场的满足程度是检验农业产业结构是否合理的重要标准。其合理性可以通过一些指标加以评价，这些指标主要包括农产品人均占有量、农产品商品率、农产品人均消费水平等。随着人民生活水平的提高，对农产品的需求结构也会发生变化，这就需要对农业产业结构进行调整。农业产业结构的调整优化除了要结合本地区的市场需求结构进行安排之外，对于外向型的农业结构，还要考虑其他区域乃至国外市场需求状况进行综合安排。

4. 经济效益比较高

合理的农业产业结构应表现出较高的经济效益，即以最少的投入获得最多的产出，因此，合理的农业产业结构必须是一个高产、优质、低耗的农业生产系统，必须满足社会对农产品的需要，能充分利用社会经济资源，增加农业经营者收入。

5. 保护及改善生态环境

合理的农业产业结构应能保持生态平衡，使生态系统良性循环，改善生态环境，提高人们的生活质量。减少使用农药等具有毒性的农用物资，杜绝使用国家明令禁止的农用物资，建立生态平衡，减少人们对生态环境的破坏。

以上标准是相互联系、相互制约的，它们是一个整体。我们在评价农业产业结构时应结合上述几个方面综合考察。

（二）农业产业结构的评价指标

农业产业结构是否合理可以借助一系列指标来评价。通常使用的指标主要分为以下几种结构。

1. 价值量结构

也称为产值结构，它是以货币形式表现的农业生产成果中各产业（部门）或各类产品所占的比重，可用来衡量和评价横向结构中第一、第二层次的结构和纵向的农业产业结构。

2. 土地利用结构

土地利用结构，是指耕地、林地、牧场草地、养殖水面等各类农业用地占农业用地总面积的比重。在分析种植业内部结构时，往往用各类作物的播种面积占总播种面积的比重来反映。

3. 农业劳动力利用结构

农业劳动力利用结构，是指各产业或各项目所占用的劳动力数量（或劳动时间）占农业劳动力总数（或总劳动时间）的比重。

4. 农业资金利用结构

农业资金利用结构，是指各产业或各项目所占用的资金在农业资金占用总量中的比重。

上述第一项指标是从产出角度来分析农业产业结构的，后三项指标则是从资源配置或生产要素占用状况来分析农业产业结构的。当然，这些都是基本指标，实际运用中可根据具体情况选择其他指标。

五、农业产业结构调整优化

（一）调整优化农业产业结构的必要性

农业产业结构调整，就是对农业发展的各种资源进行权衡、配置和利用的过程，其目的就是对资源和生产要素进行优化配置，提高农业生产率，满足人们对食物的需求，实现农业增效、农民增收和农业可持续发展。

我国的农业产业结构比改革开放初期已经有了较大的改善，但目前仍要继续优化。总体上说，其必要性具体表现在以下几个方面。

1. 调整优化农业产业结构是现阶段农业生产发展的客观要求

随着农业生产力水平的提高，农产品供应量逐年增加，农产品供求关系已经从卖方市场转变为买方市场，而农村地区农产品同质化现象严重，互相争夺市场，造成价格下降，农民收益降低；同时，随着城乡居民生活由温饱向小康迈进，农产品消费结构发生了很大变化，农产品需求日益多样化。面对这种市场需求的变化，迫切要求农业生产从满足人民的基本生活需求向适应优质化、多样化的消费需求转变，从追求数量为主向数量、质量并重转变。

2. 调整优化农业产业结构是提高农产品市场竞争力的根本途径

随着经济全球化进程的加快，农业和农村经济面临更为激烈的市场竞争。只有通过农业产业结构的战略性调整，进一步优化资源配置，充分发挥比较优势，才能把资源优势变为产品优势，增强我国农业在国际市场的竞争力。

3. 调整优化农业产业结构是增加农业经营者收入的有效途径

从目前看，由于供求关系的变化，需要调整优化农业产业结构，提高农产品质量和档次，发展名特优新产品，一方面可适应市场优质化、多样化的需求；另一方面可以提高农业的经济效益，增加农业经营者收入。

4. 调整优化农业产业结构是合理开发利用农业资源的重要手段

人多地少是我国的基本国情。通过调整优化农业产业结构，充分发挥区域比较优势，挖掘资源利用的潜力，实现资源的合理配置，提高资源开发利用的广度和深度，就可以做到资源的有效利用与合理保护相结合，促进农业生产的可持续发展。

（二）调整优化农业产业结构的原则

调整优化农业产业结构是一项复杂的系统工程，必须统筹规划，科学安排。由于各地的条件不同，农业产业结构不可能有一个统一的模式。一般来说，农业产业结构的优化必须遵循以下原则。

1. 以市场为导向

要根据市场需求及变化趋势调整优化农业产业结构，满足社会对农产品多样化和优质化的需求。调整优化农业产业结构不能局限于本地市场，而要面向全国，面向世界，适应国内外市场需求。不仅要瞄准农产品的现实需要，还要研究未来的市场需求发展趋势，以便在未来的市场变化中抢占先机。政府有关部门要加强对市场变化趋势的研究，逐步完善农产品市场体系和农产品流通体制，建立反应灵敏的信息网络，向农业经营者提供及时准确的市场信息，为调整优化农业产业结构创造良好的市场环境。

2. 发挥区域比较优势

随着我国社会主义市场经济体制的建立和经济全球化的发展，进一步扩大农业区域分工，实现优势互补，是降低农产品生产成本、提高市场竞争力的必然要求。调整优化农业产业结构，要在发挥区域比较优势的基础上，逐步发展不同类型的农产品专业生产区。每个地区要以资源为基础，因地制宜，发挥本地资源、经济、市场、技术等方面的优势，发展具有本地特色的优势农产品，逐步形成具有区域特色的农业主导产品和支柱产业，全面提高农业经济效益。

3. 依靠科技进步

调整优化农业产业结构要充分依靠科技进步。要抓住改造传统产品和开发新产品两个重点，通过高新技术的应用、劳动者素质的提高，推进农业产业结构调整优化。当前，世界农业正在孕育着以生物技术、信息技术为主要标志的新的农业科技革命，我们要抓住机遇，加快农业科技创新体系建设，促进农业产业结构调整优化和升级。

4. 稳定提高农业综合生产力

要严格保护耕地、林地、草地和水资源，防止水土流失，在不适宜耕作的地区实行退耕还林、还草、还湖，保护农业生态环境，实现可持续发展。继续大力开展农田水利等农业基础设施建设，加大农业科技研发和推广力度，通过提高农业综合生产能力来加快优势农产品生产的发展。

5. 用经济手段调控和引导

要正确处理政府引导和发挥市场机制作用之间的关系。政府要根据市场供求变化，调整产业政策，运用价格、税收、信贷等经济杠杆，适时进行宏观调控，实现总量平衡。同时，要做好市场预测、技术辅导等服务，引导和支持农业产业结构调整。总之，政府在结构调整中主要起引导作用。

（三）农业产业结构调整的战略方向

我国农产品的供求关系已从过去的总量短缺变为供求总体平衡，在这种背景下，农业产业结构的调整不仅要考虑各种农产品的数量平衡，而且要注意农产品的质量提升，更要努力实现农业的可持续发展。

1. 优化农业各产业之间的关系

优化农业生产中种植业、林业、牧业和渔业之间关系的基本思路是：提高种植业和林牧渔业之间的多层次综合利用水平，提高农业资源的利用效率；继续发展种植业，使其与国民经济发展要求相适应；加快畜牧业发展，为社会提供丰富的肉、奶等畜产品；充分利用我国丰富的山地和水域资源发展林业和渔业。

2. 种植业结构的调整

种植业结构调整的战略方向是：在稳定粮食生产的前提下，大力发展经济作物生产。粮食是国民经济基础的基础，关系到社会的稳定。因此，在调整农业产业结构的过程中，必须高度重视粮食生产，保持粮食生产基本稳定，坚决防止忽视粮食生产的倾向；同时，要在确保粮食安全的前提下，扩大经济作物的生产。在粮食生产中，按照人口和畜牧业发展的需要，使口粮和饲料粮相分离；要提高口粮的品质和专用化程度；经济作物进一步向专业化、品牌化、产业化的方向发展。

3. 林业产业结构的调整

林业是培育、保护和利用森林的生产部门。林业生产不仅生产周期长，而且具有很强的外部效益，因此必须重视发展林业生产，优化林业结构。林业结构调整的战略方向是：继续大力发展植树造林运动，提高森林覆盖率；优化营林结构，重视经济林、薪炭林、防护林的营造与发展；建立合理的采、育结构，切实保护好林业资源；在继续重视林木产品生产和发展速生丰产林的同时，加强对各种林副产品的综合利用，提高林业资源的多层次利用水平，提高林业生产的经济效益。

4. 畜牧业结构的调整

随着人民生活水平的提高，相对于粮食来说，人们对畜产品将会有更大的需求，因而畜牧业将有更大的发展空间。畜牧业结构调整的战略方向是：大力发展耗粮少、饲料转化率高的畜禽产品生产，特别是增加秸秆和草料转化利用率高的牛、羊、兔、鹅等品种，大幅度提高食草性动物的产品产量；适应中国居民的肉类消费特点和需求变化，稳定发展传统的猪、鸡、鸭等肉类和禽蛋生产，加快品种改良速度，重点发展优质猪肉和禽肉生产，提高优质产品所占的比重；根据区域资源特点，建立不同类型的畜牧业专业化生产区；大力发展饲料加工业和后向畜产品加工业，推进畜牧业的产业化经营，实现畜产品的多次转化增值，提高畜牧业的综合效益。

5. 渔业结构的调整

渔业是利用水域进行捕捞和养殖的产业，主要产品是鱼类、虾蟹类、贝类和藻类。改革开放以来，我国渔业生产获得了快速发展，但渔业结构需要调整优化。我国渔业结构调整的战略方向是：保护和合理开发利用滩涂、水面等宜渔资源，加速品种更新换代，发展名特优新品种养殖，重点发展高效生态型水产养殖业，积极发展高科技工厂化养殖，因地制宜地发展水库和稻田养殖；稳定近海捕捞，加强保护近海渔业资源，完善休渔制度，严格控制捕捞强度，减少捕捞量；大力发展远洋渔业，不断扩大国外作业海域，加强国际渔业合作；大力发展水产品的精加工、深加工和综合利用，重点抓好大宗水产品的保质和低值水产品的深加工，提高水产品质量和附加值。

6. 优化农产品品种结构

在过去农产品供给数量不足的背景下，农业生产只能将追求数量的增长放在最重要的位置。目前，我国主要农产品供求中的数量矛盾已基本解决，这就使我国农业有条件在稳定提高生产能力的基础上，将优化品种、提高质量放到突出的位置来考虑。特别是加入世界贸易组织以后，我国的农产品将参与世界范围的市场竞争，提高农产品质量已成为当务之急。因此，不论是种植业，还是林牧渔业，都必须根据市场需求的变化，压缩不适销的品种，扩大优质品种的生产；通过品种改良和新品种开发，加速品种的更新换代，努力提高农产品的质量。

（四）调整优化农业产业结构的措施

根据农业产业结构的变化规律，以及改革开放以来我国农业产业结构调整的经验，要进一步调整优化我国的农业产业结构，必须采取以下几项措施。

1. 加大资金投入，完善基础设施建设

不断加大农业基础设施建设的投资力度，增强农业抵御自然灾害的能力，搞好以水利、土地整理为重点的农业基础设施建设，加大以交通、供水、供电、通信为重点的农业生产生活设施建设，全面提高农业基础设施条件。

2. 加大对龙头企业的扶持力度，大力推进农业产业化经营

实践证明，农业产业化经营是调整优化农业产业结构的重要途径。通过农业产业化经营，处于无序状态的农业经营者实现了与市场的对接。因此，要继续大力推进农业产业化经营，进而带动农业产业结构的调整优化。推进农业产业化经营的一个重要环节是壮大龙头企业。政府要加大对龙头企业的扶持力度，为龙头企业创造良好的发展环境。要加快对现有农产品加工企业和流通企业的技术改造，鼓励采用新技术和先进工艺，提高加工能力和产品档次。要加大对现有农副产品加工业和流通业的改组改造，把有市场、有效益的加工企业和流通企业，改造成为龙头企业；鼓励投资主体多元化，广泛吸引各类合作经济组织、社会民间资本和国外资本参与龙头企业建设；鼓励龙头企业到主产区建立生产基地，带动农业经营者调整生产结构。

3. 大力发展优质高产、高效生态农业和特色农业

农业结构调整工作必须因地制宜、扬长避短，结合本地实际情况，培植本地的特色产品和优势产业，大力发展优质高产、高效生态农业和特色农业。要立足资源优势，选择具有地域特色和市场前景的品种作为开发重点，尽快形成有竞争力的产业体系。建设特色农业标准化示范基地，筛选、繁育优良品种，把传统生产方式与现代技术结合起来，提升特色农产品的品质和生产水平。加大对特色农产品的保护力度，加快推行原产地等标识制度。整合特色农产品品牌，支持做大做强名牌产品。

4. 加强农业科技创新，为农业产业结构调整提供技术支撑

首先，要适应农业产业结构调整的要求，重新确立农业科技研发的重点。农业科技研发重点要从主要追求增产技术转向追求优质高效技术，从以粮、棉、油、糖、畜禽等大宗农产品生产技术为主转到大宗农产品生产技术与特色农产品生产技术并重，从生产技术领域拓展到产后加工、保鲜、储运等领域。其次，要抓住关键技术实行科技攻关。重点要围绕高科技育种技术、节水农业技术、病虫害综合防治技术、生态农业技术、绿色无公害生产技术、工业化生产技术、标准化生产技术以及农产品精深加工技术、农产品保鲜储运技术、农产品质量检测和动植物检疫技术进行科技攻关。最后，要加强农技推广体系建设，加快农业科技成果应用步伐。当前，主要是为农业经营者及时提供农业产业结构调整所需要的种子、苗木、种畜禽、菌种等，并为农业经营者解决农产品加工、储运、销售过程中的技术问题。

5. 加强对农民的培训，提高农民的科技水平

要加强宣传教育，营造良好的培训学习氛围，积极引导和教育农民解放思想、转变观念，提升科学技术水平和意识。建立以政府投入为主、多方筹集的多元化投入机制，鼓励民营企业、农业龙头企业和个人捐资参与农民培训工作，解决农民科技培训经费不足问题。

第三节　农业生产布局

一、农业生产布局的概念和特点

（一）农业生产布局的概念

农业生产布局反映了农业生产在不同地区的发展模式。它涉及不同地区的农业生产部门、各种生产类别和项目的地理分布，以及这些部门和项目在特定地理范围内的组合方式，也被称为农业配置。前者揭示了农业生产的区域性关系，这体现在不同地区农业生产的专业化程度上；后者揭示了该地区农业的产业布局。

农业生产布局是在特定的社会生产能力以及自然、技术、经济和社会等多个因素的共同作用下形成的。因此，在历史的不同阶段和各种社会经济环境中，农业生产布局存在显著差异，这反映了它们各自的功能和独特性。在

社会主义体制背景下，结合国家计划与市场调控，从全国经济发展的宏观角度出发，根据各地实际情况进行农业生产的合理配置。这样做不仅提高了整体的经济效益，还促进了农业产业在不同地区的分工，推动了我国农业生产向区域化布局、专业化生产、规模化经营和产业化方向发展，从而进一步提高了我国农业的现代化水平。

（二）农业生产布局的特点

1. 农业生产布局的社会性

农业生产布局在不同的社会制度下，表现为不同的形态，发挥着不同的作用。不同的利益主体和消费群体对农业生产布局有很大的影响，因而，一个国家、地区的农业生产布局往往具有显著的社会性特征。

2. 农业生产布局的时代性

农业生产布局受社会生产力水平的影响，农产品的供给和需求出现阶段性不平衡使其在同一社会制度的不同时期体现出不同的特点。只有不断地进行调整优化，才能使农业的布局结构符合时代发展的要求。

3. 农业生产布局的科学性

农业是依赖自然生态环境条件发展起来的为人们提供基本生活资料的物质生产部门，农业生产对自然资源要素具有高度的依赖性。因此，农业生产的每一步都要符合自然规律，都要适应动植物的生长特征。所以，农业生产布局必须遵循客观规律，在对生产条件进行充分调研的基础上，利用科学方法进行合理布局，方能发挥农业的区域优势，达到预期的目的。

4. 农业生产布局的效益性

农业生产过程在本质上是一个投入与产出的转化过程，其核心目标是满足人们对农产品多元化的需求。这个过程深刻地展示了农业生产所带来的经济效益。农业，作为支撑国民经济的基础产业，其所带来的益处不仅仅是经济上的，同时也在社会和生态上有所体现。只有当这三个方面完美融合，农业才能走向可持续的发展道路，并确保农业生产的环境友好性、资源的高效利用和合理性。

二、农业生产布局的基本原则

农业生产布局受多种因素的综合影响，农业生产的特殊性决定了它必须以国民经济发展的整体布局和区域特色优势的充分发挥为基本原则，结合社会需求和农业产业结构的转型升级进行科学决策和合理配置。根据我国长期农业生产布局调整的经验，农业生产布局应遵循以下基本原则。

（一）市场需求和地区优势相结合

我国地域辽阔，各地区的土地、气候、生产技术以及劳动力资源等资源禀赋差异很大。农业生产必须以市场为导向，要结合本地的资源情况，发展那些既能符合市场需求，又能充分利用当地资源优势的农业产业，并按国民经济的发展要求与自然条件、社会经济状况相适应的原则进行农业生产布局。

（二）农业布局与其他产业布局相适应

首先，我们需要确保农业生产布局与工业布局需求相匹配。农业生产构成了工业生产的根基，它为工业生产提供了必要的原材料和能源。因此，在农业发展过程中，必须充分考虑工业布局的实际情况。例如，在食品加工行业密集的区域，可以有序地在工业区附近规划粮食生产。接下来，工业布局也需要与农业布局需求相匹配，尤其是那些以农产品作为主要原料的加工行业。某些农作物对其生长环境有着严格的要求，因此不适合进行长途运输。某些农产品在经过加工后可以被运到消费地，这样可以大大减少运输成本，因此，考虑在附近建立深加工企业变得尤为重要。最终，农业生产布局也需要与交通运输行业保持一致。

（三）粮食布局相对均衡

作为一个人口众多的国家，粮食是我国人们生活所必需的基础资源，因此，确保粮食生产的合理分配显得尤为关键。通过相对平衡的粮食生产安排，我们可以避免长途运输，并在本地解决粮食短缺问题。因此，除了国家需要建立大型的商品粮生产基地外，各个省份也应该在自己的区域内设立粮食生产基地。经济作物对其生长环境有着严格的标准，具有很强的商业价值，适度地集中生产对其生产、运输和加工都是有益的。通过对区域布局的优化，将具有特色和优势的农产品扩大和加强，不仅可以提升农产品的质量和市场价值，还能实现农产品的规模化生产，从而推动农产品加工、储存和运输等相关产业的持续发展。

（四）专业化生产与综合经营相结合

我国农业生产目前仍以家庭承包为主，农业生产较为分散，这些因素制约了农业的专业化生产水平。目前，农村地区需要把专业化生产同综合经营结合起来，即农业生产的农、林、牧、渔各部门，粮、棉、油、麻等各种作物，应根据各地区的客观条件和社会需要，实行一业为主和综合发展相结合，按照一定的比例关系协调发展，使不同地区组成不同类型的农业生产结构体系。这样，既可充分利用各地区的自然资源条件，使农业劳动力和生产资料得到合理利用，又可使作为农业生产的基本生产资料的土地资源得到充分利用，做到用养结合；同时，可改善农业资金投资分布状况。

（五）保持生态平衡

农业生产以良好的生态环境为自然基础，而合理的农业生产布局又有利于生态环境的改善。所以，在农业生产布局时，必须强调生态平衡、环境改良；遵循客观规律、因地制宜，做到建设和保护相结合，形成良性的生态循环系统，以实现农业生产布局的持续稳定增效。

三、农业生产布局的优化途径

（一）重视农业与其他产业的协调与配合

从国家和地区战略层面来看，农业是其他产业发展的基础，必须从宏观层面对农业、第二产业、第三产业等做好合理布局，以提高资源利用率，增加各产业的经济和社会效益。

（二）促进农业的地域分工和专业化生产

考虑到我国的具体环境，我们按照因地制宜和适当集中的原则，有计划地在不同地区建立了一系列农产品商品基地和优势农产品产业带。这不仅有助于快速扩大商品农产品的生产，满足社会需求，还能充分利用资源，发挥地理位置的优势，从而提高经济效益。农业生产的区域专业化不仅是农业合理布局的体现，也是专业化发展和农业布局合理化的一部分。农业专业化的生产模式是农业生产布局变迁的必然方向，而专业化程度的提升也将必然引发农业布局的相应调整。

（三）不放松粮食生产，积极发展多种经营

我国拥有庞大的人口基数，在整个国民经济发展的大背景下，粮食始终被认为是一种特殊的商品和战略资源。随着我国人口的持续增长和人民生活水平的不断提升，粮食需求的总量预计将继续呈现刚性增长的态势，这将导致未来粮食供应面临的压力逐渐增大。确保粮食安全是一项长久且充满挑战的使命，紧绷粮食安全这根弦，持续不断地努力，是我国的核心政策之一。在对农业布局结构进行调整的过程中，应高度重视粮食的安全生产和供应，并致力于建立优质的商品粮生产基地。与此同时，我们应当积极推进多样化的经营策略，旨在构建一个合理的农业产业布局和健康的生态环境，以促进农、林、牧、渔等多个行业的持续和谐发展。

（四）强化市场导向，发展适销对路的农业生产项目

社会经济联系的整体性决定了农业生产布局不能仅从农业部门发展出发，还必须考虑一定时期市场需求，特别是一定时期城市需求，即非农业需求。农业生产布局要坚持农、工、商一体化思想以及城乡一体化思想，以城市和市场为中心成为市场经济条件下农业生产布局的鲜明特点。

（五）重视农业科学技术研发，强化科技支撑

目前，全球农业领域已经广泛应用了科学技术，新一轮的农业科技革命正在如火如荼地展开。首先，代表着高科技的"全球定位系统"在农业生产中的应用，将极大地提升农业生产的水平；其次，我们需要确立"互联网+"的思维模式，并利用电子商务平台来优化农产品的生产、供应和销售网络布局，从而提高农产品的流通效率；第三，现代生物技术，以基因工程为核心，在农业领域的应用，将有助于培养出更多产量更高、质量更优、适应性更强的新品种，从而使农业生产布局突破现有的自然资源限制，更多地受到人类的控制。

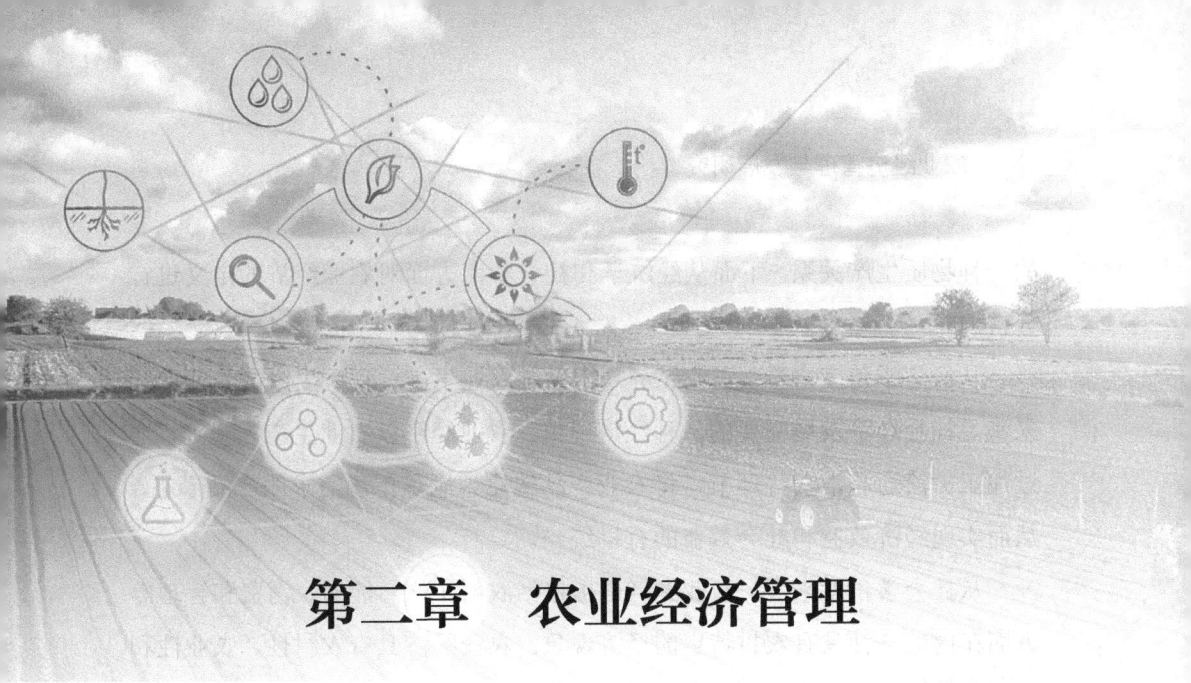

第二章　农业经济管理

农业经济管理是农业现代化建设的重要组成部分，对我国农业发展具有直接影响。近年来，随着信息技术的不断进步和管理机制的不断完善，农业经济管理的模式也在不断创新与发展。然而，当前管理工作存在的问题仍然需要我们深入分析并采取恰当的处理措施。农业经济在我国经济体制中占有重要地位，是我国社会经济发展的基础保障之一。因此，我们需要对农业经济管理的相关内容进行分析。对农业经济管理的研究，不仅可以优化我国整体经济结构，还能够稳定新农村各项建设，为实现共同富裕的社会目标作出积极贡献。

第一节　农业经济的概念

一、农业经济的定义

农业经济是指农业在生产、流通、消费和管理等方面所形成的一种经济现象。它是农业生产经济和农村经济的有机组成部分，其本质是农村经济中的一种物质生产关系。下面从经济学和社会学两方面对农业经济的定义进行分析。

从经济学角度来看，农业经济是指通过农业生产过程所生产的农业产品来满足社会经济发展需要的一种经济现象。农业经济以农业生产为基础，通过加工、流通和消费等环节，将农业产品转化为满足市场需求的产品形态，从而实现经济效益和社会效益的有机统一。

从社会学角度来看，农业经济是指包括农村生产、流通、消费和管理等方面在内的一种具有农村特点的经济现象。农业经济具有农村性、农业性和物质生产性，这也是农业经济与城市经济的主要区别。

在现代农业经济中，农业经济既包括传统意义上的农民经济，也包括现代农业产业经济。传统农民经济主要指自然经济和小农经济形态，其特点是以自给自足为主，生产关系落后，生产力低下，而现代农业产业经济是指在现代化农业生产模式下形成的农业产业群体。现代农业产业经济以现代化手段为支撑，通过规模化管理，提高农业生产效率，促进农业经济的现代化发展。

二、农业经济的特点

农业经济是指以农村社会为基础，在农业生产、流通、加工和消费环节中形成的经济系统。作为一个社会的重要组成部分，农业经济具有多种独特的特点。

首先，农业经济具有生产过程不确定性大、生产流程时间长的特点。农业生产与天气和自然灾害密切相关，农作物生长周期也比较长，因此，农业经济的生产过程中存在着很大的不确定性，这也是其他经济类型无法比拟的。

其次，农业经济具有资源禀赋差异较大、地域分散性强的特点。由于农业生产的资源主要包括土地、水、肥料等，而不同地区的资源禀赋不同，所以不同地区的农业经济存在着较大的差异性。与此同时，由于农业生产的资源消耗在不同的地域上，因此农业经济的地域分散性也比较明显。

再次，农业经济具有劳动力流动性低、稳定性高的特点。由于农业生产的劳动力主要集中在农村地区，且与土地、家庭联系较紧密，因此农业生产的劳动力流动性较低。不过，这也意味着农村地区具有良好的稳定性，为农业经济的长期发展提供了保障。

最后，农业经济具有消费需求与自给自足需求相互作用的特点。由于农业产出主要以粮食、蔬菜等食品为主，因此农业经济的消费需求与人类自给自足的需求相互作用，这也意味着农业经济在保障人类生存需求方面有至关重要的作用。

综上所述，农业经济具有多种特点，这些特点成为农业经济发展中需要面对的重要问题。针对这些问题，人们需要采取合适的管理措施，以促进农业经济的长期发展。

三、农业经济的分类

农业经济是指以农业生产为核心的，在一定的条件下，通过市场交换和再生产来实现资源配置、增长和发展的一种经济形式。根据农业经济的不同方面，可以进行不同的分类。

（一）根据农业经济的表现形式分类

根据农业经济的表现形式，农业经济可分为生产经济和经销经济。其中，生产经济是指农业生产活动所产生的经济效益，而经销经济则是指将农业生产的产品销售出去所带来的经济效益。这种分类方式有助于分析农业经济的不同表现形式。

（二）根据农业经济的属性特征分类

根据农业经济的属性特征，农业经济可分为种植业经济、畜牧业经济、林业经济和渔业经济等。这种分类方式对于深入了解农业经济的不同属性特征以及需求变化非常重要。

（三）根据农业经济在国民经济中的地位分类

根据农业经济在国民经济中的地位，农业经济可分为主导地位农业经济和支撑地位农业经济。其中，主导地位农业经济是指农业在国民经济中占据主导地位的经济形式，支撑地位农业经济是指农业在国民经济中占据的地位相对较弱的经济形式。

（四）根据地理区域的不同分类

根据地理区域的不同，农业经济可分为不同的类型，如南方农业经济和北方农业经济等。根据这种分类方式，可以分析不同地理区域的农业经济发展特点和趋势。

总之，农业经济的分类方式很多，每一种分类方式都有其独特的目的和价值。针对不同的研究目的和需求，研究人员可以选取不同的分类方式进行分析。

第二节　农业经济管理的目标与策略

一、农业经济管理的目标

农业经济管理的目标是通过科学合理的管理措施，实现农业经济的高效、可持续、稳定发展，保障农业生产的资源安全，提高农产品的市场竞争力，增加农民的收入，同时满足国家的经济、社会和环境可持续发展的要求。

在现代农业经济中，有效的农业经济管理目标主要包括以下几个方面。

第一，提高农业生产力的水平。实现农业经济的高效发展需要不断提高农业生产力水平，在提高土地利用率、改良农作物品种、培育高产优质农产品等方面采取一系列有效的管理措施，以不断提升农业生产效益和竞争力。

第二，优化农业产品的结构。为适应市场需求和提高产品附加值，农业经济管理需要结合市场需求，通过技术创新、品牌化推广、生产标准化等手段，促进农业产业的升级和优化，提高农产品的品质和附加值。

第三，完善农业生产体系。有效的农业经济管理需要建立科学、高效、规范化的农业生产体系，建设全面、高效、可持续的农业生产环境，整合具有资源优势且技术领先的农业企业，推进农业现代化和产业化的发展。

第四，促进农村经济的发展。农业经济管理需要促进农业与非农产业的结合，加快农村经济发展的步伐，通过发展乡村旅游、生态农业等产业，创造更多的就业机会，提高农民的收入，推进城乡一体化进程。

在实现上述农业经济管理目标的过程中，人们需要在农业政策引导、农技推广、科技创新、资金支持等方面积极作为，不断完善农业经济运行机制，提高管理水平和决策能力，推动农业经济的健康、稳定和可持续发展。

二、农业经济管理的策略

农业经济管理的策略是指在实现农业经济管理目标的基础上，为达成目标而采取的具体行动方案。在农业经济管理中，策略的制定和实施非常重要，它关系到管理者决策的准确性和管理绩效的优良与否。

（一）针对市场需求制定农业生产策略

市场需求的变化是农业经济管理策略中需要重点考虑的因素之一。当市场需求发生变化时，农业企业要调整生产策略，以满足市场需求。例如，当市场对绿色食品的需求增加时，农业企业应当重点生产绿色食品，以适应市场需求。

（二）优化农业资源配置策略

优化农业资源配置策略是各国农业经济管理的重点之一。针对农业资源的紧缺状况，对劳动力和土地资源的配置进行调整，以有效利用农业资源，提高农业经济效益。

（三）加强农业科技创新策略

科技是推动农业经济快速发展的关键因素之一。在农业经济管理策略中，应当推广新科技、新工艺、新设备，以提高生产效率，降低成本，提高产量。

（四）建立合理的市场营销策略

市场营销对于农业经济的发展起着重要作用，因此，在农业经济管理策略中，应当建立科学、合理的市场营销策略。市场营销策略应当包括产品品种、产品质量、广告宣传等方面，以提高产品市场竞争力。

总之，农业经济管理策略对于农业企业的发展至关重要，只有制定出合理、科学的策略，才能推动农业经济的发展。管理者应当根据现实情况和市场环境制定出有计划、有针对性的管理策略，并加以实施，才能够取得良好的经济效益。

第三节　农业经济管理的方法、作用与评估

一、农业经济管理的方法

在农业经济管理中，有效的方法对于实现农业经济管理的目标至关重要。管理方法的选择应根据具体情况进行，以确保管理目标的有效实现。下面介绍几种常见的农业经济管理方法。

（一）制定农业经济规划

农业经济规划是实现农业经济管理目标的关键步骤。通过制定合理的农

业经济规划，可以确保农业经济的健康发展。农业经济规划应考虑市场需求、农业资源、政策环境和科技发展等诸多因素。

（二）优化农业生产组织

为提升农业经济效益，优化农业生产组织是必不可少的。经济管理者应根据市场需求和产品特性等要素，进行合理的生产组织优化，如合理利用土地资源、推动科技创新、建立农业生产基地等。

（三）控制农业经济成本

农业经济成本是制约农业经济发展的重要因素之一。经济管理者可以通过控制农业经济成本，提高农业经济效益。例如，降低生产成本、提高生产效率、推广科技创新等。

（四）加强农业经济管理的信息化建设

信息化建设可以增强农业经济管理的科学性和效率。经济管理者应结合现代信息技术的使用，促进管理流程和数据的规范化、标准化和自动化。同时，加强农业经济管理的信息化建设，有助于促进农业经济管理的透明度和监督效果。

通过以上几种方法的运用，我们可以更好地实现农业经济管理目标，推动农业经济的可持续发展。

二、农业经济管理的作用

在长期的实践中，农业经济管理取得了一系列的成果，主要表现在以下几个方面。

（一）提高农业经济效益

农业经济管理通过实行产业结构调整、优化农业资源配置等措施，不断地提升农业经济效益，加速农业现代化进程。

（二）促进乡村经济的发展

农业经济管理实行的政策和措施可以带动乡村经济全面发展，包括城乡融合发展、培育新型农民、构建新农村等，推进农业产业结构调整，提高农业劳动生产率，促进农产品加工业的发展，使乡村经济面貌愈加繁荣。

（三）推动农村社会建设

农业经济管理在改善农民生活、推进农村社会建设方面，积极采取措施，提高了现代农业生产水平和农村综合素质，促进了农业产业链和增值链的合理化，促进了社会和睦稳定，有效地维护了社会稳定和大局和谐。

（四）构建适合国情的民主决策体制

农业经济管理构建了适合国情的民主决策机制。在该体制下，不仅实行科学简便的信息化管理，而且加强了对农村大众、企业等各类利益相关方的协同互动，加速了农业发展新体制的落地。

三、农业经济管理的评估

农业经济管理的评估是为了促进农业经济的可持续发展而进行的，其主要目标是评估农业经济管理的效果，发现问题并提出改进措施。针对农业经济管理的评估需要具体分析农业经济管理的效果与问题，以及应用科学的评估方法进行综合性的评估。

在进行农业经济管理的评估时，需要考虑许多因素，如农业生产效率、经济效益、社会效益、环境效益等。对于农业生产效率的评估，可以考虑使用有效性和效率两个方面进行分析，同时也要考虑环境效益和社会效益等方面。

经济效益是衡量农业经济管理成效的重要指标，其主要包括农业产值、利润、投资回报等方面。但是，单纯的经济效益指标并不能全面反映农业经济管理的综合效益。因此，在进行农业经济管理的评估时，要充分考虑社会效益和环境效益，以减轻生态破坏和社会不公平等问题，促进农业经济的可持续发展。

对于农业经济管理的评估，应该采用量化和定性相结合的方法，以综合评价为主，同时也要注意不同指标之间的平衡。在具体评估过程中，可以采用专家评价和社会反馈等方法，以收集更广泛和全面的信息，确保评估结果的公正性和可信度。

总之，在进行农业经济管理的评估时，需要考虑农业生产效率、经济效益、社会效益、环境效益等方面，采用量化和定性相结合的方法，以综合评价为主，同时要注意不同指标之间的平衡，确保评估结果的公正性和可信度。

第四节　农业经济管理的展望

一、农业经济管理的重要性

农业经济对于一个国家的持续发展具有至关重要的作用，以农业经济为核心的国家在全球经济格局中也占有不可忽视的地位。农业经济的有效管理对于国家农业的持续发展以及整体国民经济的健康成长具有极其关键的影响。接下来，我们会从三个维度深入探讨农业经济管理的核心地位。

首先，农业经济管理是稳定国家经济的重要保障。农业经济构成了国民经济的一个关键部分，农业生产的持续发展和稳定性直接影响到整个国家经济的稳健发展。特别是在当前全球化的背景下，农业经济在国家经济体系中依然占据着不可忽视的份额。因此，农业经济的有效管理成为维护国家经济稳定的关键支柱。

其次，农业经济管理是促进农民增收的必经之路。这不只是与国家的总体经济增长有关，同时也与数千万农民的生活方式紧密相连。当前，如何推动农业经济的持续增长成为一个迫切需要解决的议题。通过对农业经济的有效管理，管理人员不仅能够显著提升农产品的生产品质和市场竞争能力，还能指导农民进行产业结构的调整，加速特色农业的成长，并进一步提高农民的收入水平。

最后，农业经济管理是实现农村现代化的必要措施。农业经济的现代化进程被视为现代经济发展的核心要素之一。农业的现代化在推动农业经济增长、促进城乡融合以及加速农村的现代化进程中发挥了不可或缺的作用。如今，我国农村所面临的难题日益增多。通过全面的宏观管理和精细的规划，我们可以有效地执行农业经济管理策略，逐渐缓解和解决现存的农业难题，这对于农村的现代化进程是有益的。

因此，农业经济管理的重要性不容忽视。只有通过科学合理的管理，才可以推动农业持续健康发展，为国家的经济发展注入新的动力。

二、农业经济管理的未来展望

随着社会的不断发展和进步，我国的农业经济也面临着新的挑战和机遇。在未来的发展中，农业经济管理需要注重以下几个方面。

第一，加强市场调节机制的建设。在推进农业现代化的进程中，建立市场调控机制变得尤其关键。政府有责任强化对市场的监管力度，激励农民通过市场机制来实现更高的经济收益，并借助价格等多种因素来引导农民进行种植结构的调整，以推动农业供给侧的结构性改革。

第二，优化农业生产方式与技术手段。为了进一步提升农业产业的现代化程度，对农业的生产方法和技术手段进行创新显得尤为关键。政府应当增强对农业的技术援助，大力宣传与农业有关的先进技术和创新材料，以促进农业的精细化和智能化进程。除此之外，政府还可以借助农村的金融机构，积极地激励农民参与到农业信息化的建设中来，从而提高农业生产中的科技成分。

第三，推进农民素质提升的工作。完善农村的人才培训体系有助于提升农民的整体素质，并增加他们的阅读和知识储备。政府应当利用农业科教专业部门的资源，构建一套专业化的人才培养体系，以培育大量熟练掌握农业生产和科技管理技能的专业人士。与此同时，政府应当重视农民的职业技能培训，以提升他们的职业技能和市场竞争力。

综合考虑，为了未来农业经济的持续增长，政府需要强化市场的调控作用，并指导农民进行种植结构的调整；为了提升农业产业的现代化程度，我们需要对农业的生产方法和技术手段进行优化；致力于提高农民的整体素质和增强他们的市场竞争能力。这些因素都是推动农业经济现代化和促进农村全方位发展的核心要素，同时也是决定未来农业经济是否能达到新高度和实现跨越式增长的关键要素。

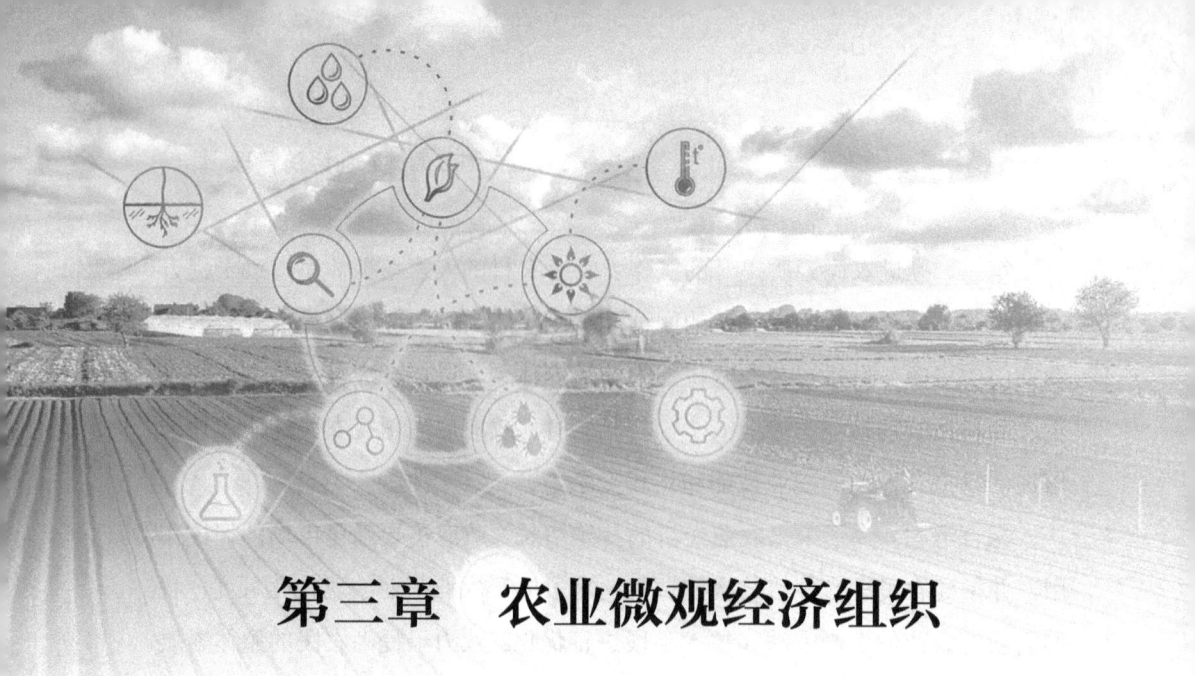

第三章　农业微观经济组织

第一节　农业家庭经营

一、农业家庭经营概念

（一）农业家庭经营含义

农业的发展必须以完善的农业微观组织体系作为依托和支撑，其中农业家庭经营组织居于微观组织体系的主体地位，对农业的发展起着基础性的保障作用。

农业家庭经营是指以农民家庭为相对独立的生产经营单位，以家庭劳动力为主所从事的农业生产经营活动，又称为农户经营或家庭农场经营。农民家庭既是生活消费单位又是生产经营单位，作为生产单位，实行家长制或户主制管理，不同于公司制企业实行规范的内部治理结构；农业家庭经营突出劳动组织以家庭成员的协作为主，家庭代表者负责农业经营的管理运营，家庭成员承担大部分农业劳动，强调以使用家庭劳动力为主，而非雇工经营。

农业家庭经营是一种弹性很大的经营方式，可以与不同的所有制、社会制度、物质技术条件、生产力水平相适应。因此农业家庭经营在很长的历史阶段中占据主要地位。

第一，农业生产是自然再生产和经济再生产交织在一起且生产周期长，决定了农业生产和家庭经营需要密切结合；第二，农业风险大，农业自然环境条件的不可控性和劳动成果最后决定了，家庭经营是最好的组织形式；第三，家庭成员利益的一致性，使农业生产管理监督成本最小；第四，家庭成员在性别、年龄、技能上的差别，使劳动力得到充分利用并降低用工成本；第五，家庭中资金、技术和信息可在不同产业、职业成员间共享，有利于非农资金、技术支持农业；最后，发达国家的社会实践证明，高度发达的现代化农业家庭经营已走上了商品化、企业化、规模化、社会化发展道路。

（二）农业家庭经营的经济优势

1. 农业家庭经营治理成本低

农业经营利润和效果很大一部分取决于其治理成本，农业经营的治理成本包括代理人成本和风险承担成本。而对于家庭农场而言，参与经营的都是家庭成员，不存在委托，能够直接避免委托代理的成本。有些家庭农场在经营过程中需要雇佣少量的员工，由其他家庭成员进行监督管理，按劳分酬，也不存在委托代理的情况。

2. 农业家庭经营的专业化、规模化

家庭农场的经营能够很好规避普通农户小规模生产的劣势，普通农户的经营除了自身日常消耗，难以形成产量和规模，在销售过程中，需要支付更多的宣传和运输成本，利润空间极低，只能作为副业。而家庭经营的规模远远超过家庭成员的基本日常需求，能够更加合理地追求利润最大化。

3. 农业家庭经营的市场交易成本优势

相比于普通农户小规模、兼职副业的生产模式，家庭经营在面对市场的

时候交易成本更低。随着现代化建设的脚步，很多普通农户都选择将主要精力放在进城务工上，这种情况本身对我国农业的发展是不利的，对农户个人而言也会更加削弱其对社会化服务的需求。而家庭农场由于实现了更加深入的农业分工，不仅对农业合作组织有更大的需求，而且能够带动生产各流程的社会服务组织发展，既可以增加在市场交易中的竞争力，还能够有效降低其运营成本。

4. 避免粗放经营

专业大户的农业经营由于规模过大，只能通过工业发展的思维进行运营管理，这种经营模式会直接导致土地生产率低，在无法满足机械化生产和配套的销售流程时，很容易造成粗放经营。而家庭农场的规模较为适中，不仅能够有效保证劳动生产效率，还能够保障操作的灵活性，对于国家农业发展非常有利。

（三）农业家庭经营在新型农业经营体系中的基础地位

1. 家庭经营及其经营者在农村经济和生活中的带头作用

随着现代农业新体系的不断发展，家庭经营已经成为国家农产品的供给主体，包括果蔬、粮食、禽类制品等多种农产品在相应的销售和运输政策下都得到了空前发展。在此过程中，我国现代化农业生产技术也得到了更好的应用，通过不断摸索适合的生产模式和配套设备，也间接促进了我国农业生产的水平。另外，家庭经营的产生，让更多人获得了丰厚的利润，不必再一味外出务工或者将土地承包出去，农民手中有钱，就能够更多地参与到现代化农村的建设中来，不仅能够起到繁荣经济的带头作用，更能够对中下阶层农民树立榜样。因此，将家庭经营作为新型农业经营体系的基础，既是满足我国农业现代化发展的需求，更是促进我国农村发展的良策。

2. 家庭经营在现代农业经营体系中的核心地位

随着家庭经营的不断发展,产前、产后的相关农业企业也受到了巨大影响,为了满足家庭经营的发展需要,种子公司、农机公司、兽医院、销售加工等服务环节的配套技术和设备都要不断更新换代,可以说在以家庭经营为核心的新型农业发展体系中,不仅农业水平和利润空间得到了提升,而且促进了这些相关产业的发展。另外,随着家庭经营模式的逐渐成熟,很多普通农户和专业大户也开始转型,利用其经营模式进行自我改造,形成了以家庭经营为核心的发展模式,进一步奠定了其在农业经营体系中的基础地位。

二、农业家庭经营的特点

(一)对象是农业

农业家庭经营的对象主要为农业,既包括种植业,也包括林业、渔业、牧业和水产养殖业等。农业独有的产业特征决定了家庭是最佳的农业经营主体。从农业自身特点来看,农业是自然再生产与经济再生产相交织的过程,农业劳动对象的生命性、生产的季节性、自然环境的复杂多变性和不可控制性等因素,都要求生产者收益与生产过程直接相关。只有家庭能满足决策者和生产者的同一性,在农业生产领域具有其他经营主体无法比拟的优势。家庭经营可以实现对农业生产全过程和最终产品负责,以及对各种难以预料的变化做出反应,符合农业作为生物再生产过程的特点。

(二)主要为家庭经营

大多数家庭农业经营的定义要求家庭农场部分或完全由某一个人或其亲属所有、经营和管理。联合国粮农组织近年的农业普查表明,在几乎所有可以提供农业经营者法律地位的国家,超过90%的农场经营者是个人、一群个人或一个家庭,有的有正式合同,有的没有。

45

三、农业家庭经营的类型

按不同的标准，可以将农业家庭经营或家庭农场划分为不同的类型，具体如下：

（1）按是否雇工，可以将家庭农场划分为非雇工型家庭农场和雇工型家庭农场。尽管雇工型家庭农场需要雇用一定数量的劳动力，但雇工数量一般不超过家庭自有劳动力；

（2）按经营内容，可以将家庭农场划分为专业型家庭农场和综合型家庭农场。专业型家庭农场是指农场只经营单一产品，专业型家庭农场依据产业的不同又可以细分为种植型、渔业型、林业型和畜牧养殖型四种。综合型家庭农场是指农场经营多种产品，一般以种养结合为主；

（3）按经营规模和销售额，可以将家庭农场划分为小型家庭农场、中型家庭农场和大型家庭农场。

第二节 农业合作经济组织

合作经济是社会经济发展到一定阶段，劳动者自愿联合、民主管理，以合作成员个人所有和合作成员共同所有相结合，获取服务和利益的经济形式。合作经济组织就是体现这种合作经济关系的典型组织形式。当前，积极发展农村合作经济组织，既是完善社会主义市场经济体制的客观需要，更是社会主义新农村生产发展的重要内容。

一、农业合作经济组织概述

（一）农业合作经济组织的内涵

农业合作经济组织是指农民特别是以家庭经营为主的农业小生产者为

了维护和改善自己的生产及生活条件，在自愿互助和平等互利基础上发展起来的，实行自主经营、民主管理、共负盈亏的从事特定经济活动的农业经济组织形式。其本质特征是劳动者在经济上的联合。

农业合作经济组织一般具有以下特征。

（1）农业合作经济组织是具有独立财产所有权的农民自愿联合的组织，农民有加入或退出的自由，对合作组织承担无限或有限责任。

（2）农业合作经济组织成员是平等互利的关系，组织内部实行民主管理，组织的发展方针和重大事项由成员集体参与决定。

（3）农业合作经济组织是为其成员利益服务的组织，维护组织成员的利益是组织存在的主要目的。

（4）农业合作经济组织是具有独立财产的经济实体，实行合作占有、合作积累制，盈余可采取灵活多样的分配方式。

只有符合以上规定的经济组织才是比较规范的农业合作经济组织。农业合作经济组织是独立经营的企业组织，不是政治组织、文化组织、社会组织或者群众组织；是实行自负盈亏、独立经济核算的经济组织，凡是不以营利为目的、无经营内容、不实行严格经济核算的组织都不是农业合作经济组织。

（二）农业合作经济组织的特征

1. 合作目标具有服务性与盈利性相结合的双重性

农业合作组织既要向各个成员提供生产经营服务，又要最大限度地追求利润，存在着互利和互竞关系。合作经济组织是为适应生产经营规模化、生产经营风险最小化、劳动生产率提高而组建的，必须为各个成员提供各方面服务，因此与其成员的经济往来，不以追求利润最大化为目标。但是当它与外部发生经济往来时，就必须通过追求利润最大化谋求生存，也只有如此，才能更好地为其成员提供优质服务。

2. 合作经营结构具有统一经营与分散经营相结合的双层次性

农业合作经济组织是在以家庭经营为基本生产经营单位的前提下，对适宜于合作经营的生产、加工、储藏、销售、服务等环节由合作组织统一安排、统一经营，其他环节保持家庭经营的独立性。合作经济组织构筑在家庭经营之上，并为其提高效益服务。

3. 自愿结合与民主协商的有效组合

合作经济组织建立在农民自愿基础之上，是农民的自主选择，能够最大限度地发挥成员的积极性、责任感和生产热情，保证合作经济组织旺盛的生命力。同时在生产经营过程中，通过民主协商制定系列规章和决策，并产生相应的法律效力，保证了合作经济组织强大的凝聚力和发展的推动力。

（三）农业合作经济组织作用与功能

1. 发挥协作优势降低农民的交易费用

市场经济条件下，农户在参与经济活动的过程中，要发生各种各样的费用，例如，市场信息费用、价格搜寻费用、购买各种生产服务的费用、形成交易的谈判费用等。由于农户商品交易量小，交易相对分散，单位产品的交易成本相对较高。合作经济组织可将农户少量的剩余农产品和有限需求集中起来形成较大批量的交易，有利于农产品争取有利的交易条件，从而降低交易费用。农业合作经济组织的壮大还有利于减少交易中的不确定性，从而避免交易风险。

2. 提高农户在市场交易谈判中的地位和竞争力

农户参与市场经济需要公平竞争。市场主体竞争能力的强弱是与组织化程度呈正相关的。农业合作经济组织作为一个比较强势的整体参与市场交易时，可增加农户在产品市场和要素市场讨价还价的能力，提高农户的地位，有效抵御来自各方面对农户利益的不合理侵蚀，形成农户利益的自我保护机

制。农业合作经济组织增强了广大农民的谈判意识，有效地遏制了侵害农民合法权益的各种机会主义倾向，提高了农民的竞争能力，并为实现政府对农民直接补贴提供了载体。

3. 可以获得政府质量较高的服务

分散的单个农户在政府这个理性的政治实体面前往往束手无策和无足轻重，他们要想挤进政府决策的谈判圈、独立自主地与社会其他利益集团进行平等的讨价还价非常困难。农户加入农业合作经济组织并随着其规模的扩大，可以形成一个强势集团，从而有可能挤进政府的决策圈。政府在制定和选择政策时，就有可能考虑农业合作组织的利益。

4. 有效地减少或避免各种农业经营风险

随着农业市场化趋向改革的不断深化，分散的农业生产单位和大市场之间的矛盾逐渐突出，单个的小生产很难抵御自然风险和市场风险，往往导致农业再生产的中断，经常出现一哄而上、又一哄而下的局面，使农业生产发生大起大落的周期性变动，给国民经济和农民自身带来了损失。建立农业合作经济组织，可以改变单个农户经营规模小、信息不对称、自身素质低、谈判地位差的局面，发挥合作优势，大大降低盲目性，从而规避和抵御风险。通过合作抵御自然灾害、突发事件等对农业生产者、经营者造成的重大损失。同时，农村合作经济组织能有效提高技术普及的广度和深度，最大限度地发挥新技术所具有的增产增效潜力，有效化解各种自然风险和市场风险对农业生产的侵蚀。

5. 实现土地规模经营

土地制度是与家庭承包制相联系的农业经营制度的核心问题，土地"均分制"带来的土地细碎化问题非常严重。实现土地规模经营，就必须适当合并地块，但这不是单个农户的独立行动可以奏效的，需要由农业合作经济组织来进行组织和协调。

（四）农业合作经济组织运行的基本原则

判断一个经济组织是不是合作经济组织，关键看它是否遵循合作经济组织运行的基本原则。为了应对零售商的盘剥，英国罗虚代尔镇 28 名纺织工人组建了"罗虚代尔公平先锋社"，标志着世界上第一个合作社的诞生。该社提出了著名的"罗虚代尔合作原则"，该合作原则也成为后来公认的合作原则的蓝本。参照罗虚代尔原则，国际合作社联盟提出了作为全球合作运动指南的六条原则。在纪念国际合作社成立 100 周年大会上，国际合作社联盟重新修订了合作社原则。国际合作社联盟修订后的合作经济组织的运行原则包括七条。

1. 自愿和开放会员制原则

合作社是自愿性的组织，任何人只要能从合作社的服务中获益并且履行社员义务、承担社员责任都可入社，无任何人为的限制及社会、政治、宗教歧视。

2. 民主管理和会员控制原则

合作社是社员管理的民主组织，其方针政策和重大事项由社员参与决策。管理人员由社员选举产生或以社员同意的方式指派，并对社员负责。基层合作社社员享有平等的投票权，其他层次合作社也要实行民主管理。

3. 社员经济参与原则

社员要公平入股，民主管理合作社资金。股金只能获分红，股利受严格限制，不能超过市场通行的普通利率。合作社盈余可用于合作社发展、公共服务事业，或按社员与合作社交易额的比例在社员中分配。

4. 教育、培训与信息原则

所有合作社都应向社员、雇员及一般公众进行教育，使他们了解合作社在经济、民主方面的原则和活动方式，更好地推动合作社发展。

5. 自主与自立原则

合作社是社员管理的自主、自助组织，若与其他组织达成协议，或从其他渠道募集资金时，必须保证社员的民主管理，保持合作社的自立性。

6. 合作社之间的合作原则

为更好地为社员和社区利益服务，所有合作社都需以各种切实可行的方式与地方性、全国性或者国际性的合作社组织加强合作，促进合作社发展。

7. 关注社区原则

合作社在满足社员需求的前提下，有责任保护和促进社区经济、社会、文化教育、环境等方面的可持续发展。

（五）农业合作经济组织的类型

农业合作经济组织从不同的角度可以进行不同的分类。

1. 按照合作的领域

农业合作经济组织可分为生产合作、流通合作、信用合作、其他合作。生产合作，包括农业生产全过程的合作、农业生产过程某些环节的合作、农产品加工的合作等。流通合作，包括农业生产资料、农民生活资料的供应、农产品的购销运存等方面的合作。信用合作，是农民为解决农业生产和流通中的资金需要而成立的合作组织，如农村资金互助社。其他合作，如消费合作社、合作医疗等。

2. 按照合作组织成员来源

农业合作经济组织可分为社区性合作、专业性合作。社区性合作，是以农村社区为单位组织的合作，如现阶段的村级合作经济组织。社区性合作经济组织通常与农村行政社区结合在一起，因此既是农民的经济组织，也是社区农民政治上的自治组织，成为联结政府与农民、农户与社区外其他经济合作组织的桥梁和纽带。专业性合作，一般是专业生产方向相同的农户联合组建专业协会、专业合作社等，以解决农业生产中的技术、农业生产资料供应、农产品销售等问题。该类合作可以跨地区合作，成员也可加入不同的合作组织。

3. 按照合作组织的产权结构

农业合作经济组织可以分为传统合作和股份合作。传统合作，是按照传统的合作制原则组织起来的合作经济组织，实行一员一票、民主管理，盈余分配按照合作社与社员的交易量确定。股份合作，是农民以土地、资金、劳动等生产要素入股联合组建的合作经济组织。股份合作经济组织是劳动联合与物质要素联合的结合体，不受单位、地区、行业、所有制等限制，因此具有很大的包容性。组织管理实行股份制与合作制的双重运行机制结合，分配上实行按交易量分配与按股分红相结合。

二、农民合作社

农民合作社作为农业合作经济的主要组织形式，在当代农业和农村经济发展中发挥了重要的作用。为支持、引导、规范农民专业合作社的组织、行为和发展，保护农民专业合作社及其成员的合法权益，促进农村和农业经济的发展，《中华人民共和国农民专业合作社法》明确了农民专业合作社的性质、原则、设立登记、成员资格、组织机构、财务管理、法律责任、扶持政策等内容，为我国农民专业合作社的发展提供了法律保障。

（一）农民合作社的概念

《中华人民共和国农民专业合作社法》中明确指出，农民合作社是指在农村家庭承包经营基础上，同类农产品的生产经营者或者同类农业生产经营服务的提供者、利用者，自愿联合、民主管理的互助性经济组织。农民合作社以其成员为主要服务对象，提供农业生产资料的购买、农产品的销售、加工、储藏、运输，以及与农业生产经营相关的技术、信息等服务。

由此可见，我国农民合作社具有以下特征。

1. 农民合作社是以农民为主体的专业性合作经济组织

法律规定，农民合作社成员以农民为主体，农民成员不得少于80%，从事与农民合作社业务直接相关的生产经营活动的企业、事业单位或者社会团体可依法自愿申请加入，但是具有管理公共事务职能的单位不得加入。法律还规定，只有同类农产品的生产者或者同类农业生产经营服务的提供者、利用者，才能按比例依法自愿申请加入。

2. 自愿联合、民主参与的自治性合作经济组织

农民合作社为成员提供民主、平等、公平、自主参与组织管理的机会，是社员民主选举、民主决策、民主管理、民主监督的组织，所有重大方针、重大事项都必须由成员共同参与制定，成员享有平等的选举权，任何单位、个人不得干预合作社内部事务，不得侵犯合作社及其成员权益。县级以上人民政府的农业行政主管部门和其他有关部门及组织，只能依法对合作社建设发展给予指导、扶持和服务。

3. 合作互助的对内服务性合作经济组织

《中华人民共和国农民专业合作社法》明确规定，农民合作社以其成员为主要服务对象，提供农业生产资料的购买以及农产品的销售、加工、运输、储存，以及与农业生产经营有关的技术、信息等服务；农民合作社必须以服务成员为宗旨，谋求全体成员的共同利益。所有这些法律规定都充分说明了农民专业合作社不同于其他组织的典型特征是对内服务性，农民合作社在互助的基础上为成员提供服务，谋求全体成员共同利益，不同于股份制企业，同时又是为成员之间相互合作、相互补充、相互服务提供媒介的互助性合作经济组织。

4. 对外追求利润最大化、对内强调非营利性的合作经济组织

农民合作社是劳动者的联合，区别于资本联合为主的普通企业。法律规

定，农民专业合作社依法登记取得法人资格，对成员出资、公积金、国家财政直接补助、他人捐赠以及其他合法取得的资产所形成的财产，享有占有、使用和处分的权利，并以上述财产对债务承担责任，成员以其账户内记载的出资额和所享有的公积金份额为限承担责任。农民合作社经营所得盈余要按照成员与合作社的交易量（额）比例返还给成员。因此，农民合作社作为独立的企业对外要谋求利润最大化，作为合作经济组织对内以服务成员为宗旨。

（二）农民合作社组建原则

组建农民专业合作社应遵循以下原则。

（1）成员以农民为主体。有五名以上符合规定的成员，即具有民事行为能力的公民，以及从事与农民合作社业务直接相关的生产经营活动的企业、事业单位或者社会团体，能够利用农民专业合作社提供的服务，承认并遵守农民专业合作社章程，履行章程规定的入社手续的，可以成为农民合作社的成员。但是，具有管理公共事务职能的单位不得加入农民专业合作社。农民合作社的成员中，农民至少应当占成员总数的80%。成员总数二十人以下的，可以有一个企业、事业单位或者社会团体成员；成员总数超过二十人的，企业、事业单位和社会团体成员不得超过成员总数的5%。

（2）以服务成员为宗旨，谋求全体成员的共同利益。

（3）入社自愿，退社自由。

（4）成员地位平等，民主管理。农民专业合作社是全体成员的合作社，成员依法享有表决权、选举权和被选举权，并按照章程规定对合作社实行民主管理。

（5）盈余主要按照成员与合作社的交易量比例返还。农民专业合作社可以按照章程规定或者成员大会决议从当年盈余中提取公积金，公积金用于弥补亏损、扩大生产经营或者转为成员出资，每年提取的公积金按照章程规定量化为每个成员的份额。弥补亏损、提取公积金之后的当年盈余，为农民专业合作社的可分配盈余。可分配盈余按照成员与本社的交易量（额）比例返还，返还总额不得低于可分配盈余的 60%；按前项规定返还后的剩余部分，以成员账户中记载的出资额和公积金份额，以及本社接受国家财政直接补助和他人捐赠形成的财产平均量化到成员的份额，按比例分配给本社成员。

（三）农民合作社设立程序

1. 发起筹备

成立筹备委员会，制定筹备工作方案。由发起人拟定社名，确定业务范围。准备发起申请书。

2. 制定合作社章程

章程应载明：合作社名称和住所；业务范围；成员资格及入社、退社和除名原则；成员的权利和义务；组织机构及其产生办法、职权、任期、议事规则；成员的出资方式、出资额；财务管理和盈余分配、亏损处理；章程修改程序；解散事由和清算办法；公告事项及发布方式；需要规定的其他事项。

3. 推荐理事会、监事会候选人名单

依托有关部门和社会力量创建的合作社，应吸纳足够数量的农民成员参加理事会和监事会。

4. 召开全体设立人大会

呈请当地合作组织主管部门派员出席指导，通知设立人参加成立大会。

5. 组建工作机制

召开工作会议，成立合作社办事机构；聘任办事机构业务部门负责人；召开业务会议，布置开展合作社业务工作。

6. 登记、注册

以上步骤完成后，到有关部门进行登记、注册。

（四）农民合作社的发展

实践证明，农民专业合作社是增加农民收入、促进规模经营、提高农民组织化程度、推动地方经济发展的重要载体。加强农民专业合作社的发展，应从以下几方面做好相关工作。

1. 加强农民合作社发展的宣传工作

在政府相关部门、农民、涉农企业中进行全面宣传，让其了解农民专业合作社的组织管理制度、民主议事决策制度、财务制度、盈余分配制度。各级主管部门要为合作社的设立登记提供方便。同时让合作社成员了解国家相关扶持政策和政府责任，并积极落实相关项目扶持、财政补助、金融支持、税收优惠政策，促进农民专业合作社快速规范发展。

2. 积极开展对农民合作社的帮扶工作

继续加大财政对农民合作社的扶持力度。加强项目立项扶持。积极开展农民专业合作社会计培训辅导工作。持续开展新型职业农民、社长、种植养殖大户、经纪人、农业技术推广人员的培训，增强农民专业合作社的经营服务能力。

3. 规范内部管理，提高农民专业合作社管理水平

规范合作社成员身份认定、数量、结构、出资、退社及权利享有，保障成员合法权益。规范章程及议事制度、监事制度，规范财务管理制度、社务公开制度，规范公积金的提取和使用，完善利益分配机制，建立有效的内部激励机制，不断提高农民合作社的决策效率，促进生产专业化，提高市场竞争能力。

4. 拓展农民专业合作社服务能力

合作社能够减少农产品交易的不确定性，有助于减少农产品和农业专有资产的损失，节省交易成本，能够发挥协作优势，为农户提供最直接、最具

体的服务。正是它的载体和服务功能，使得农民专业合作社成为农业社会化服务体系中不可替代的重要组成部分。农民合作社只有不断提高服务能力，才能吸引更多的农户自愿加入，农户强烈的加入愿望是农民专业合作社发展的根本动力。

三、农民股份合作组织

（一）农民股份合作社的概念

农民股份合作社是以农民为主体，把依法属于农村集体经济组织的经营性资产，主要包括耕地、林地、水域、农田水利设施、生产性道路、现金、村或居民小组创办的企业或与其他企业合作、合资形成的股权等资产，通过清产核资，量化到集体经济组织成员个人，在此基础上，按照现代企业制度的要求，组建起自主经营、自负盈亏、利益共享、风险共担的法人经济实体。它既不同于农民专业合作社，也不同于股份制企业。

（二）农民股份合作社的基本特征

1. 成员坚持以农民为主体

农民股份合作社与农民专业合作社一样，坚持以农民为主体，原则上农民成员应当占成员总数的 80% 以上，这是农民股份合作社与股份制企业的一个根本区别。合作社以普通农户为主体，种养大户为重点，一些保留农村承包地的农民和在农业领域创业兴业的城镇下岗职工、大学毕业生也可以加入农村新型股份合作社。

2. 探索处理多种要素合作与劳动合作关系，实现股金保值增值

农民可以土地入股形式加入合作社，进而盘活土地资源，还可以劳务收入、资金、技术、设施设备、生物资产等多种要素作为股份。农民发展股份合作社的目的不同于发展专业合作社；农民发展专业合作社，是为了利用合

作社为成员提供服务，这是农民专业合作社的基本功能；农民发展股份合作社，是为了分享股金红利，让成员股金实现保值增值应该是农民股份合作社的基本功能。

3. 管理实行一股一票制

农民专业合作社是人的联合，成员地位平等，实行一人一票，民主管理。农民股份合作社既是人的联合，更是资本的联合，在管理方式上应该像股份制公司一样，实行一股一票。

4. 盈利按股分红

农民股份合作社分配办法不同于农民专业合作社，农民专业合作社盈利主要按成员与合作社的交易量（额）比例返还。农民股份合作社的盈利则应全部实行按股分红。

5. 实现了合作领域的新突破

农民股份合作社不局限于种植、养殖等农业主导产业和特色产业，还发展了一批乡村旅游、劳务等合作社。农民股份合作社是社员自愿选择的结果，多数发起人具有企业家人才特质并积累了较多的资金、销售渠道资源，受利益驱使而牵头领办合作社。为了更多地获取合作社经营的盈余，他们愿意以缴纳股份的方式组织合作社，利用资金优势获得更多的剩余分配权，同时股份化的制度安排能够实现发起人企业家人力资本的资本化。普通社员在衡量成本收益后也愿意加入股份化合作社，以更多地降低风险、节约成本、提高收益水平。

（三）农民股份合作社的表现形式

1. 农地股份合作社

农民以土地承包经营权和资金入股设立农地股份合作社，分享农业适度规模经营效益。农地股份合作社又分为两种形式，一种是内股外租型的农地股份合作社，即农民以土地承包经营权入股，成立农地股份合作社，将承包地集中流转起来，统一对外打包给他人经营。另一种是经营实体型的农地股份合作社，即农民以土地承包经营权入股，专业大户以资金入股，共同组建农地股份合作社，直接从事高效农业项目，对农户入股的土地实行保底分红。

2. 社区股份合作社

农村集体经济组织成员以其量化到其名下的集体经营性净资产的份额入股，设立社区股份合作社。

3. 富民股份合作社

以农民投资入股为主，村集体参股，设立富民股份合作社，建造房产，从事物业经营活动，让农民分享二、三产业经营收益，带动更多农民增收致富。

四、农业合作经济组织对促进农业经济发展的影响

（一）农业合作经济组织对农业经济发展的意义

1. 有利于农民增收

农业合作经济组织的最大受益方是参与的主体，也就是农民。若对农业合作经济组织进行规范化组织，可以让农民通过自愿的组织化劳动，逐渐扩大交易市场，从而对该组织结构中的资源进行共享，利用最新的技术和通信资料对整个行情进行有效分析。采用新观念和新技术能够有效降低生产的成本，将生产效率进一步提高，同时在进入市场的过程中，能够借助农业合作经济组织提供的科技力量，逐步提升每位种植户的产品质量，拓展销售渠道，从而保证农民经济效益的增长，维护合法正当权益。

2. 有利于农业农村经济水平的发展

农业合作经济组织是农业发展过程中出现的必然现象。在农业合作经济

组织中，依据平等互惠、资源共享的原则，可以考虑到每一个参与人的意志。将各种因生产带来的社会矛盾进行集中处理，在各方面均可达到公平合作的效果，营造出农业生产的良好合作氛围。在组织中可以实现新技术的转型，新技术快速在生产实际中实施，在生产实际中能够为农业管理带来更多经验，提升我国农业经济的发展水平。

3. 逐渐扩大农业市场，有利于我国社会发展

农业合作经济组织通过多元化服务，将传统市场竞争过程中出现的各类问题进行供求分析。采用多方面的管理手段，为参与者和生产者提供有效的服务，降低经营风险。减少因经济纠纷而产生的矛盾，使农民之间形成团结友爱的互助局面，有利于社会主义农业现代化发展，促进农村的建设和发展。

（二）农业合作经济组织发展中存在的主要问题

1. 运行机制不完善，发展过程不规范

我国很多的农业合作经济组织都是在一些"能人"的带动下成立发展起来的，这些经济组织并没有完善的运行机制和管理制度。经济组织主要是靠"能人"的个人权威及彼此间的经济利益连接和凝聚在一起，组织内部的机构及管理制度相对欠缺，生产经营过程中各种随意行为普遍存在，一些农业合作经济组织的领导者权力和行为根本没有受到广大成员的监督和约束。

2. 相关政策的支持力度不够

当前很多地方政府对于农业合作经济组织的登记、监督、管理工作不到位，而且相关农业经济合作组织的政策及执行存在不完善的现象，有的地区则对农业合作经济组织采取过于严格的约束和干预，这些都是政策支持力度不到位的体现。很多农业经济合作组织建立后，并没有专门的部门对其进行管理，相应的技术支持及资金支持等政策并没有切实帮助农业经济组织的健康发展。

3. 农业经济合作组织自身经济实力薄弱

当前很多农业经济合作组织自身的经济实力非常薄弱，这也直接导致了农业经济合作组织未来发展的动力不足，很多的农业合作经济组织并没有属于自己的办公场所和经费，而且它们所从事的大多是一些与农业相关，但是自身风险较大，收益却不高的工作，这也使得农业合作经济组织自身的生产经营资金无法得到补充和积累。

（三）促进农业合作经济组织发展的有效对策

1. 不断加大对农业合作经济组织的支持力度

对于农业经济合作组织而言，政府在其建立和发展过程中有着非常重要的影响作用，因此，政府应该从多个角度对农业合作经济组织进行大力支持，这种支持通常分为政策支持和资金支持两种，其中政策支持是最重要的前提保证，而资金支持则是更为现实的支持手段。当前，大多数地区普遍采用的是资金支持的方式，只要建立的农业经济合作组织符合相关规定，政府就会给予一定的资金支持，这种方法在农业合作经济组织成立的初期比较可行，但是这种方法很难对农业合作经济组织发展产生深远的作用。因此，相关政府部门可以学习国外成熟的农业合作经济组织发展经验，通过项目申请制度，每年利用招投标的方式来对重点的农业合作经济组织项目进行筛选。具体的方式为：首先让具备一定条件的农业合作经济组织向相关的部门提出项目申请，然后组织相关的专家对这一项目的可行性及未来发展进行科学合理的评估，政府相关部门通过评估的结果对这一农业合作经济组织的建立，以及给予多少资金支持进行审定，并对审定的项目进行相应的技术及管理支持。通过这种方式可以充分体现出政策对农业合作经济组织平等及自由竞争的原则，这也可以更好地促进农业合作经济组织顺利长久的发展进步。

2. 建立科学合理的农业合作经济组织运行机制

农业合作经济组织的运行机制对经济组织的发展有非常重要的影响作

用，在制定农业合作经济组织运行机制时，应该遵循两个原则：首先是组织运行的竞争机制，农业合作经济组织作为一个独立的竞争主体，必须勇于面对各种各样的竞争，并在竞争中不断取得发展和进步。其次，组织运行的利益分配机制，也是农业合作经济组织最重要的核心内容。因此，农业合作经济组织的运行机制应该遵循成员退出自由的原则，最大限度地为组织成员服务，并采取民主管理的方式进行，根据成员的惠顾额来进行利益的分配。对组织的构成、决策、运行、利益分配等方面建立完善的规章制度，从而保证农业合作经济组织的规范管理和服务能力。通过这种规范化的运行，使得农业合作经济组织的质量得到稳步提升，更好地为组织成员的利益服务，提升整个农业合作经济组织运行的整体质量。

3. 加强农业合作经济组织建设

农业合作经济组织的建设应该坚持优势产业和特色产品的方向，从市场的发展和需求出发，加大优势产业和特色产品的开发，鼓励组织成员合理扩大生产经营规模，并逐步创建属于自己的优势品牌，以产品的质量和服务来提升产品的市场竞争力，从而带来更多的经济利益，帮助组织成员提高自己的经济利益，实现共同富裕的目标。

4. 加大农业合作经济组织宣传工作

相关的政府部门应该加大农村地区农民的教育和宣传工作，不断提升农民的意识和文化水平，使农民摆脱传统小农思想的约束，并配合相应的农业合作经济组织宣传工作，从而帮助农民更好地认识农业合作经济组织的优势，使其真正参与到农业合作经济组织中来，这样才能更好地保证农业合作经济组织正常、顺利发展。

5. 不断完善相关法律法规

为了保证农业合作经济组织顺利正常的发展，相关政府部门还应该加紧各种相关法律法规的完善步伐，从而为农业合作经济组织创建良好的外部环境。在完善相关法律法规的过程中，应该充分借鉴国外先进经验和法律法规。比如，可以将农业合作经济组织定性为法人，并赋予其法人相应的权利和地位。农业合作经济组织的建立需要在工商部门进行相应的登记注册，从而保证农业合作经济组织可以受到相关法律法规的保护，并享受相应的法人权利，从而更好地实现自身的顺利健康发展。

第三节　农业产业化经营

一、农业产业化经营概述

（一）农业产业化概念

狭义上的农业产业化，也就是"农业产业系列化"，意味着一个农产品被提升为一个连续的系列，从而使农业成为一个包括生产加工和流通在内的完整的产业系列。从更广泛的角度看，农业产业化应该将农业与其他相关产业视为一个有机的整体，包括农业的产前、产中和产后三个阶段的所有内容。这不仅涵盖了第一产业，还包括了与其有关的第二和第三产业。

因此，农业产业化的深层含义是指农业和其他相关行业，在专业化生产的基础上，以市场为导向、效益为中心、利益为纽带、农户经营为基础、龙头企业为依托、系列化服务为手段，实行种养、产供销、农工商一体化经营，将农业再生产的全过程的各个环节连接成一个完整的产业系统，由多方参与主体自愿组成经济利益共同体的农业经营方式。其中，支柱产业构成了农业产业化的根基，而骨干企业则是农业产业化的核心要素，商品基地则是农业产业化的重要支撑。

（二）农业产业化特点

农业产业化经营体现了农业从传统的生产领域向现代产业的转型，它是通过持续的自我积累、自我调整和自主发展形成的市场农业的核心运作机制，旨在将分散的农户小规模生产转化为社会大规模生产的组织模式。与传统的农业经营方式相比，农业产业化具有以下特征。

1. 生产专业化

要成功实施农业产业化经营，关键是要围绕主导产品或支柱产业进行专业化的生产，将农业生产的前、中、后各个环节视为一个完整的系统来进行。这样可以形成一个集种植、养殖、加工、生产、供应和销售于一体的专业化生产体系，确保农产品的生产和各个生产环节都达到专业化的标准，使每一种农产品都能在初级、中间和最终产品的制作过程中得到体现，并最终以品牌商品的形式进入市场。这代表了农业产业化经营的核心属性。

2. 布局区域化

遵循区域比较优势的原则，突破行政边界，确定主导产业，创建具有独特特色的专业化区域，建立高标准的农产品生产基地，使得分散的农户能够实现区域生产的规模化，充分利用区域内的资源比较优势，实现资源要素的优化配置。通过区域化的布局，我们成功地发挥了地域产业结构的优势，并在广泛的地域范围内实现了产品和市场的优势。这不仅增强了农业产业的经济回报，还推动了工业化、城市化和现代化的进程。

3. 经营一体化

农业产业化是围绕某一核心产品或主导产业展开的，它将各个生产和经营环节紧密连接，形成了一个完整的产业链，并实施了农、工、商一体化以及产、供、销一体化的综合经营模式。该机构通过各种方式的合作与联合，成功地将农产品的生产、加工、运输和销售等环节紧密连接起来，构建了一个由市场主导、龙头带动基地、基地连接农户的综合经营模式。这种模式确保了农业产业链各个环节之间的健康循环，减少了市场交易的不稳定性，降低了交易的总成本，实现了外部业务的内部化，从而提高了农业组织的运营效果。

4. 服务社会化

服务社会化是指通过一体化组织和各种中介组织，对一体化内各参与主体提供产前、产中、产后的技术、资金、信息、农资、销售、经营管理、人才培训等全程的全方位服务，实现资源共享、优势互补、联动发展，促进农业向专业化、商品化、现代化发展。

5. 管理企业化

通过公司、合作社和农户之间的紧密合作，我们采纳了合同契约制度和参股分红制度等多种利益联结方式，将所有参与方整合为一个经济利益共同体。参照管理工业企业的方法来经营和管理农业，我们建立了一个统一的核算和风险共担的收入分配机制，并实施企业化的运营模式。这不仅促进了科技成果的广泛传播和应用，还引导农户的分散生产和产品逐渐走向规范化和标准化，解决了分散生产与集中销售、小生产与大市场之间的矛盾，实现了农业生产的规模化、区域化和专业化，从根本上推动了传统农业向设施农业和工厂化农业的转型。

二、农业产业化经营的组织形式

（一）龙头企业带动型（公司＋基地＋农户）

在产业化经营中，龙头企业的带动作用被视为最基础的组织模式。该机构以农产品的加工和销售企业为主导，专注于一种或多种农产品的生产、加工和销售。通过与生产基地和农户建立契约关系，形成了相对稳定的经济联系，并进行一体化经营，从而构建了一个风险共担、利益共享的专业化、商品化、规范化的经济共同体。通过与龙头企业的基地合作和与农户的基地联动，我们加强了农业资源的开发，同时也积极推动农副产品的加工和统一销售，以达到专业合作的目的。连接的手段涵盖了合同下单、以保护价格购买、构建服务结构、利润的返还、提供风险的保护、反租和倒包，以及相互的股权参与等。

在实际操作过程中，存在两种明确的方法：一种是由龙头企业直接与基地农户建立联系，农户则为龙头企业供应原材料农产品。第二种方式是，在生产基地内，农户通过成立专门的合作社作为桥梁，将龙头企业与农户连接起来，合作社组织其成员进行生产活动，并将集中的农产品销售给龙头企业。

（二）市场带动型

这种模式旨在通过培养和利用专业市场的核心作用，依赖农产品专业市场和交易中心，不断地拓展商品的流通路径。它与专业生产基地和农户相连接，与消费者和客户建立联系，为当地及其邻近地区的农产品专业化生产提供必要的信息，从而推动该区域的专业化生产，形成区域专业化的优势。这不仅促进了生产、加工和销售产业链的进一步发展和完善，还降低了各市场参与者的交易成本，并提高了整个产业链的运营效率和经济效益。这一组织模式主要适用于那些无需进行深度加工，仅需进行初步分类和整理就能销售的新鲜蔬菜和瓜果等农产品，其连接方式是通过签署农副产品购销合同来实现的。

（三）合作经济组织带动型

该组织模式是通过充分利用合作社或农业协会等合作经济实体的功能，为农民提供从产前到产后的全方位服务，对外实行统一经营，而对内则提供无偿或低回报的服务，旨在解决农民分散生产和大市场之间存在的矛盾和问题。农民通过专业组织集体进入市场，实现了规模化生产，农户按照合作组织的要求专注于农产品的生产，这提高了农户的规模效益，确保了农户能够最大化地获得整个产业链的利益。

（四）中介组织带动型

该组织形式在农民自愿的基础上，以各类中介组织为依托，以产前、产中、产后诸环节的服务为纽带，实行跨区域联合经营和生产要素大跨度优化组合，形成市场竞争力强、生产、加工、销售一体化的企业集团。中介组织带动型组织是有利于信息沟通，有利于协调各种关系，有利于合作开发。其联结方式表现为政府推动下的松散性组织。

该类型的特点是民办民营、跨区联合、服务连接、互惠发展。

（五）主导产业带动型

主导产业能够对其他产业和整个经济发展产生较强的推动作用。该类型根据市场需求，充分利用当地资源，通过发展优势或特色农产品生产经营，形成区域性主导产业和拳头产品，发挥集聚效应，扩大经营规模，提高生产档次，组织产业群、产业链，围绕主导产业发展产加销一体化经营，带动当地经济的发展。

该类型的特点是主导产业上联市场，下接农户，将农产品的生产者、加工者、供销者紧密结合为一个"风险共担、利益共享"的共同体。

三、农业产业化经营的基本要素

（一）龙头企业

龙头企业依托主导产业和生产基地建立的资金雄厚、规模较大、辐射带动作用较强的农产品生产、加工、流通企业。龙头企业一般建设起点高、技术水平和经营管理水平高、产品质量科技含量高、附加价值高，经济、生态、社会效益高。

（二）主导产业

指一个地区、一定时期内产业体系中技术较先进、生产规模大、商品率高、经济效益显著、在产业结构中占有较大比重，对其他产业发展有较强带动作用的产业。

（三）生产基地

专业化、商品化的生产基地是龙头企业的依托，是农户与企业联结的纽带。在农户分散、专业化水平较低时发挥基础作用。

（四）利益分配机制

这涉及龙头企业与农户间的利益分配模式，其核心原则是共同承担风险和共享利益，主要的类型包括资源整合型、利润返还型、价格保护型和市场交易型。资源整合型的主要特点是，相关的农业企业集团会以多种方式与农户建立利益共同体，从而推动农户进入市场，实现农产品的生产、加工和销售的有机结合，相互促进。农户通过土地、劳动力、资金、设备和技术等多种因素参与股权，持有股份，并参与其经营和管理活动。企业与农户是通过签订合同来确定交易的数量、品质、定价以及分红的方式。利润返还型指的是农业公司与农户之间签订的合同，其中明确了农产品的数量、质量和价格，并约定了返还的标准。根据所提供的农产品数量，部分利润会被返还。这种模式可以有效地激发农户的工作热情，使他们能够分享农产品在加工和流通过程中的利润。所谓的价格保护型，是指企业和农户通过签署购销合同，以保护价收购农产品，从而建立双方的稳定联系。当市场价格低于保护价时，企业会按照合同保护价进行收购。这种方法消除了农户在销售过程中的担忧，激发了农户的生产热情，确保了企业原材料供应的持续稳定，从而为双方的利益提供了坚实的保障。所谓的市场交易型，是指在没有与农户签署合同的情况下，根据市场定价对农产品进行购买和自由交易。在这种情况下，双方并没有经济上的联系或限制，这使得农户更容易显得不够积极。

四、农业产业化的表现形式

农业产业化可以根据其与组织的结合特性被分类为三个不同的形态：首先是松散型，其次是过渡型，最后是紧凑型。在经济活动方面，农户与龙头企业的合作并没有受到任何经济限制，任何相互关联的经济行为都是通过纯粹或偶发的市场行为来实现的。这样的关系既不稳固也缺乏相互的责任感，它们之间的联系和交易目标都可能随时发生变动。过渡性的特点是各个经济实体通过特定的经济限制或协定来进行交易，这些限制通常是合同或契约形式，其期限可以是长期也可以是短期。在特定的时间范围内，各方之间的经济联系保持了稳定性，各方通过协商达成协议。尽管经营和管理功能仍然在各自独立的经济实体中存在，但龙头企业在其中起到了指导性的作用。紧密式产业化不仅具备前述的过渡特性，而且参与其中的各方不仅面临经济上的限制。更为关键的是，各方在经营管理方面的独立性已经被削弱。作为新的企业主体的共同出资方，各方的经营管理权部分或全部被剥夺，生产计划、组织管理、经营策略和利益分配等都由总公司或集团来决定，从而实现各方的统一行动。当农业产业化刚开始发展的时候，许多经济往来仅仅是简单的，甚至没有任何强制性的协定。然而，随着农业产业化进程的持续推进，这些经济关系都需要依照既定的规范来进行明确，以便更好地界定经济责任和权益。同样地，随着市场经济和社会分工的进步，农业产业化的组织方式也将从较为宽松的模式转变为更为紧凑和过渡的模式。

五、农业产业化发展必须坚持的原则

（一）要坚持群众自愿的原则

农民是农业产业化发展的主体，是直接的受益者，也是风险的承担者，发展农村主导产业必须尊重农民的意愿和选择，只有农民接受和认可的产业，他们的主动性和积极性才能得到充分发挥，产业开发才具有强大的内动力。

（二）要坚持市场导向的原则

在社会主义市场经济时代，必须按照市场经济规律，扶持和引导农业产业化健康发展。实践证明，哪个地方遵循市场经济规律，哪个地方的农业产业化就能顺利发展，哪个地方违背了或不按市场经济规律办事，即使花再大的力气，财政投入再多的资金，农业产业化经营也会走弯路。

（三）要坚持因地制宜的原则

不同产业、不同发展阶段对土地条件、自然环境、人力资源等都有不同的要求，因此，农业产业化发展要从不同地区、不同产业的实际出发，实行分类指导，这样才能有旺盛的生命力，使之做大做强，否则将会劳民伤财，得不偿失。

（四）要坚持科技进步的原则

科学技术是第一生产力，是提高农业产业化水平的根本要素。农民最讲实惠。要想提升农业产业开发的质量效益，让农民得到实惠，就必须依靠科技进步，在提高产业的质量和档次上下功夫，在市场竞争中以优取胜，实现产量、结构、效益的统一。

六、新形势下推进农业产业化经营的重要意义

第一，农业产业化经营是农业经营体制的重大创新。推动农业产业化经营不仅丰富了农业服务的多样性，也提升了服务质量，在更广泛和更高的层面上实现了农业资源的最优配置，这是对统分结合双层经营体制的进一步充实、完善和发展。将农户家庭承包经营与农业产业化相融合，为农户在市场经济背景下提供了一种新的合作与联合模式，这种模式不仅具有中国特色和时代特色，而且代表了农村社会主义集体经济改革探索的新进展。

第二，农业产业化经营是农业结构战略性调整的重要带动力量。农业结构的战略性调整不仅是对农产品种类和质量、农业区域布局以及产后加工转化进行全方位调整的过程，同时也是加速农业科技进步、提升农业劳动者素质、改变农业增长模式、推动农业向更深层次发展的过程。推动农业产业化

经营不仅可以引导广大农户根据市场需求进行专业化和集约化的生产，还能避免农户自行调整结构导致的盲目性和趋同性，从而全面促进我国农业在新阶段的技术创新、组织创新和制度创新。

第三，农业产业化经营是提高我国农业竞争力的有力措施。农业的产业化经营模式催生了一系列具有竞争力的市场参与者。龙头企业通过组织农户进行专业化、标准化和规模化的生产，充分利用了家庭经营和农村劳动力成本相对较低的优势。通过进一步的深加工和提升科技含量，这些企业创造了一系列具有较强竞争力的名牌农产品。这些农产品在国内外市场上的竞争不仅提升了农业的整体经济效益，也增加了农业企业的经济收益，从而提高了农民的收入水平。

第四，农业产业化经营是在家庭承包经营基础上实现农业现代化的有效途径。在我国农村，家庭承包经营被视为最根本的经营模式，它构成了各种农村政策的核心基础。通过实施农业产业化的经营模式，龙头企业和专业合作组织可以与广大家庭建立多样化的合作关系。这样，在不改变传统家庭承包经营模式的基础上，可以引导小规模、分散经营的农户形成专业生产联合体和大规模农产品生产基地。通过在小规模家庭经营的基础上，有效地吸纳先进的生产要素，并提升农业的整体规模效益，我们找到了一条新的路径，这被认为是实现农业现代化的现实选择。

七、农业产业化经营在新阶段的推进措施

为了适应农业和农村经济在新的发展阶段所面临的新挑战，加速农业产业化经营被视为提升农业市场竞争力、增加农业效益和农民收入，以及推动现代农业建设的核心策略。工作主要集中在优化地区布局、培养主导产业以及支持龙头企业方面；将工作重点集中在扩展农业产业链和提升农业的整体效益上；我们需要进一步加大努力，采取更有力的措施，完善相关的配套政策，以推动农业产业化经营的快速和健康发展。农业产业化的推进主要应从以下几个关键领域入手。

（一）以壮大规模和增强带动能力为重点，把龙头企业的发展提高到一个新的水平

龙头企业的实力和影响力，是决定产业化经营规模、质量和效益的关键因素。为了推动龙头企业的发展，我们不仅需要建立对质量、品牌和名牌的深刻认识，还需要按照国际先进标准以及出口目标国的规范来组织农产品的生产和加工。同时，在包装和储运环节也需要投入大量精力，以提升产品的质量和档次。各企业必须对农产品的生产、处理、包装、运输和销售等各个环节实施严格的标准化管理，并迅速推动标有农产品产地、质量和等级的标识系统的实施。从另一个角度来看，我们需要增强对产业化龙头企业的支持，确保政府在其中发挥其应有的作用，并从市场结构、金融援助和法律框架等多个方面为龙头企业的成长提供必要的政策和财政援助。在资金的注入方面，我们应当鼓励各种资本流向龙头企业，使其变得更大、更强、更优，并构建一个以政府资金为主导、其他社会资金为补充的多样化投资体系。我们需要消除地域、行业和所有权的限制，并积极地激励和指导各种类型的资本去创建龙头企业。

（二）培育农业主导产业，建立商品基地

在实施农业产业化经营时，选择农业主导产业是一个关键环节。选择合适的主导产业应遵循"充分利用资源优势、突出本地特色、满足市场需求、形成生产规模"的原则。通过这种方式，我们不仅可以调整农业和农产品的产业结构，还能有效地防止农业产业在不同地区的同质化，避免某些农产品生产能力的过剩。这将有助于我们开发具有特色的农业和农产品，创造出高质量的新产品，从而确立我们在市场上的优势地位。

（三）完善利益连接机制，促进产业化健康发展

为了农业产业化经营的持续发展，确立一个稳固的利益连接机制至关重

要。我们应该采用市场经济的策略，将龙头企业与农户紧密结合，实现生产与销售的一体化运营。积极实施"企业+农户"的商业模式，通过发展订单农业、股份合作和各种行业协会等多种途径，建立产业化各经营主体的利益共同体，真正实现"风险共担，利益均沾"的利益分配机制。

（四）提高农民组织化程度

农民是决定自己的经营策略和参与市场竞争的核心力量。但为了改变农民在面对自然和市场风险时的脆弱性，以及他们法律意识淡薄、市场竞争意识和诚信观念缺失的状况，我们必须鼓励农民团结起来，创建一个他们完全信赖，并对他们的生产和经营活动提供支持和约束的合作组织。一方面，我们为农民提供从生产经营到市场销售、科技服务和信息收集的全过程社会化服务，同时也承担一些单一农户所需但难以实现和完成的任务。从另一个角度来看，这也能代表农民来处理与企业之间的关系，从而提升农民在谈判中的地位，并争取到更多的利益。

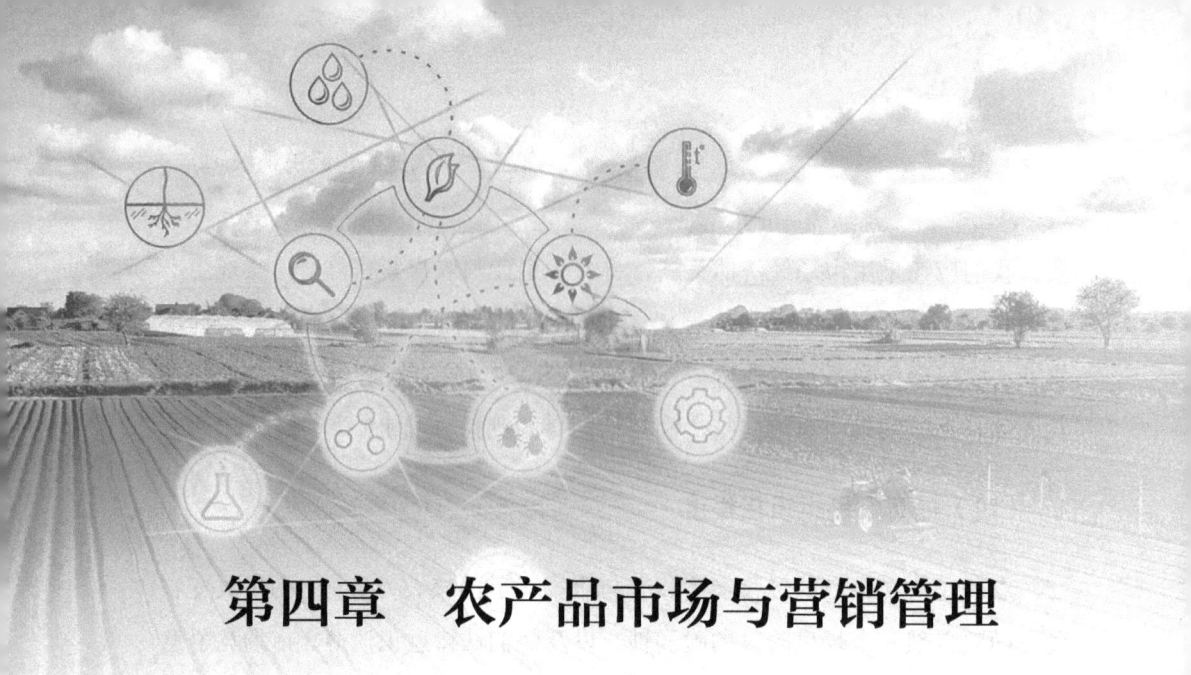

第四章 农产品市场与营销管理

第一节 农产品市场体系概述

市场是生产力发展到一定阶段的产物，属于商品经济的范畴。凡是有商品生产和商品交换的地方，就必然有市场。随着经济的发展，农产品市场的范围、形式和交易的内容都在发生变化。从市场的活动范围来看，它不仅涉及产前活动如市场调查与预测、产品研发等，而且还延伸到产品的售后活动，如售后服务、信息反馈等。市场的形式也越来越多样化，现代市场的商品交换通过电话、传真、计算机网络就可以顺利实现。

一、农产品市场体系的概念

（一）农产品市场的概念及特点

1. 农产品市场概念

农产品市场是农业商品经济发展的客观产物，它的含义有狭义和广义之

分。狭义的农产品市场是指农产品交易的场所。农业生产者出卖自己生产的农产品和消费者购买自己所需的农产品，需要有供他们进行交换的场所，这种交换农产品的场所就形成了农产品市场，如农贸市场、蔬菜市场、花卉市场等。

广义的农产品市场是指实现农产品价值和使用价值的各种交换关系的总和。它不仅包括各种具体的农产品市场，还包括农产品交换中的各种经济关系，如农产品的交换原则与交换方式，人们在交换中的地位、作用和相互联系，农产品流通渠道与流通环节，农产品供给与需求的宏观调控等。

2. 农产品市场的特点

农产品市场与其他市场相比，具有以下特征。

（1）农产品市场具有供给的季节性和周期性

由于受自然条件和生物机理的影响，农业生产具有很强的季节性和周期性，而农产品只有在收获后才能进入市场，这就决定了农产品市场的供给有旺季和淡季之分。为了保证农产品市场供给和消费需求的均衡，必须做好农产品的储存、保管和加工工作，调剂市场上农产品的供求，保证市场的正常供应。

（2）农产品市场交易的产品具有生活资料和生产资料的双重性质

很多农产品具有生活资料和生产资料的双重性质，如粮食、水果、棉花等，既是人们日常生活的必需品（生活资料），又分别是食品加工业和棉纺工业所需的原材料（生产资料）。

（3）农产品市场受自然风险和市场风险的双重影响

农业生产包含了动植物的生长、发育、成熟、收获与储运的全过程，因而受到自然与市场双重风险的考验。一方面，农产品生产会受到水、旱、风、雹、冻、热和病虫等自然灾害的影响，使农产品生产面临各种自然风险；另一方面，在市场经济条件下，农产品还会因供求关系变化而造成市场风险，并与自然风险相互交织，形成互为因果的双重风险。当自然风险小时，农产品因丰收质优量大，价格走低，市场风险变大；反之，自然灾害重时，农产品因歉收量少，价格上扬，此时，市场风险相对变小。

（4）农产品市场经营具有明显的地域性特征

我国幅员辽阔，各地自然条件差异性较大，导致各地的农业生产也有着较强的地域特色，形成了如粮食作物区、经济作物区、牧区和林区等不同的农业生产区域。即使是粮食生产，由于地理环境不同，适宜种植的作物品种也不同，如北方地区多种植小麦，而南方地区则较宜种植水稻。而且由于不同地域的人们的消费习惯不同，从而对各类农产品的需求也是有差异的，如北方人习惯面食，而南方人则偏爱米饭；草原牧区的人们更喜牛、羊等肉食，而沿海地区的居民则更爱各类海产品。为此，要因地制宜做好不同农产品市场的经营，兼顾生产地和消费市场、卖方和买方的利益。

（5）农产品市场流通具有"分散—集中—分散"的特点

农产品的生产遍布全国各地，由全国数亿个小规模的生产单位（含农户）经营，而商品性农产品的消费主要集中在城市。由此形成了农户"分散"生产，由经营者通过收购、贮藏、运输、加工等环节进行"集中"，再经批发、零售等环节，最终"分散"到消费者的流通模式。因此，农产品购销网点的设置和收购方式等都要与这一特点相适应。

（6）农产品市场具有较强的政府宏观干预性

农业是国民经济的基础，农产品是关系国计民生的重要产品，农产品供求平衡且基本稳定是社会稳定和经济发展的保障。因此，对农产品市场的经营活动和农产品价格，既要充分发挥市场机制的调节作用，又要加强宏观调控，以实现市场繁荣和社会稳定两个目标，还可以通过全球的余缺来调剂一国农产品的丰歉。

（二）农产品市场体系的概念及构成

1. 农产品市场体系的概念

农产品市场体系是流通领域内农产品经营、交易、管理、服务等组织系统与结构形式的总和，是沟通农产品生产与消费的桥梁和纽带，也是现代农业发展的重要支撑体系之一。

2. 农产品市场体系的构成

农产品市场体系由市场主体、市场客体、市场机制和市场组织等构成。

（1）农产品市场主体

农产品市场主体是指具有自身利益、自主参与市场交易活动的所有组织和个人，包括农产品生产者、经营者、消费者和农产品市场调节者。

（2）农产品市场客体

农产品市场客体是指交易当事人之间发生交换关系的标的物，即市场交易的对象。市场客体包括实物形态的商品、知识形态的商品、以等价物形态出现的资金商品和以活动形态出现的劳动力商品等。

（3）农产品市场机制

农产品市场机制是指市场经济中各市场要素互相适应、互相制约，共同发挥作用而形成的市场自组织、自调节，实现自我平衡的功能，即在客观经济规律的作用下，实现生产、分配、交换和消费的自动调节。市场机制包括价格机制、供求机制、竞争机制、激励机制、风险机制等，它们相互联系和作用，共同调节农产品生产和流通。

（4）农产品市场组织

农产品市场组织是为保证商品交易顺利进行而建立的协调、监督、管理和服务农产品市场的各种机构、手段和法规。农产品市场组织包括流通组织机构如农产品供销合作社，中介组织如农产品劳动服务公司，管理组织如农产品统计及市场监督管理等部门，技术管理组织如计量部门，民间组织如农产品行业协会等。

二、农产品零售市场

（一）农产品零售市场概念

农产品零售市场又称农产品消费市场，它是农产品的最终交易场所，反映农产品的生产者、加工者、经营者和消费者等多方面的经济关系。农产品零售市场主要包括露天集市、农贸市场、副食商店、社区便民菜肉店和不同规模的连锁经营超市等。

（二）农产品零售市场的特点

（1）农产品零售市场的辐射范围较小，多限于周边居民的消费并与中心集散市场接近。

（2）农产品零售市场的交易方式主要是现货交易，交易数量小，交易频率高。

（3）农产品零售市场上出售已加工的农产品和鲜活农产品。

（4）在农贸市场上，小型批发商和零售商是此类市场的主要供应者；在超市中，农产品及食品的连锁、配送是其供货的基本形式；部分农产品特别是鲜活农产品一般由生产者直接在市场上进行销售。

（5）农产品零售市场的农产品价格一般都高于产地市场和批发市场价格。

（三）农产品零售市场的发展

以超市、连锁、配送等模式经营农副产品是我国农产品零售市场发展的一大趋势。中国农产品传统的"提篮叫卖"的经营形式和露天集市的市场环境已无法满足人们对优质、安全农产品的需求。超市经营不仅能为消费者提供新鲜优质的各类农副产品，而且购物环境更舒适宽敞，农产品价格也较为规范统一。

我国连锁超市起步于20世纪90年代初期，当时的超市主要经营日常生活用品和加工食品的零售业务。随着国内连锁超市竞争的加剧和超市经营理念的变化以及国外超市示范效应的影响，20世纪90年代中期，在北京、深圳等地开始出现生鲜农产品超市零售。20世纪90年代中后期，农产品超市经营快速发展。21世纪以来，北京、上海、深圳、南京、杭州等大城市先后制定政策，加快了农贸市场超市化改革的进程。

在新经济和网络经济背景下，在信息技术和现代物流运输业的支撑下，农产品网络零售市场也得到较快的发展。例如中粮集团旗下的食品购物网站"我买网"就提供了各种食品，如粮油、零食、茶叶、酒水以及生鲜产品的网络零售，极大地迎合了现代都市上班族的消费需求。

三、农产品批发市场

（一）农产品批发市场概念

农产品批发市场又称中心集散市场，是指将来自各个产地市场的农产品进一步集中起来，经过加工、储藏和包装，通过销售商分散销往全国各地的场所及组织。此类市场多设在交通便利或农副产品的主产地，一般规模较大，并设有较大的交易场所和仓储设施等配套服务设施。农产品批发市场每笔交易的数量和金额都较大。

根据经营农产品品种的多少，农产品批发市场可分为综合市场和专业市场。综合农产品批发市场是指主营品种超过三类（含三类）农产品的批发市场。专业农产品批发市场是指主要经营某一类农产品的批发市场，包括蔬菜、果品、水产品、肉禽蛋、粮油、花卉、干菜副食调味品、食用菌等批发市场。如山东寿光蔬菜批发市场是我国蔬菜批发市场的标杆，济南维尔康肉类水产批发市场则以冻品和鲜肉为主要交易对象。

（二）农产品批发市场的作用

1. 农产品批发市场是农产品交易流通的中心环节

农产品批发市场是为农产品集中交易提供场所的有形市场，是农产品流通体系与营销体系的核心环节。为解决我国"小农户，大市场"的矛盾，需要在众多的小农户和巨大的市场之间建立一个庞大的流通体系来完成生鲜农产品的集散。农产品批发市场作为农产品流通的中心环节，有效地保障了城市供应，解决了农产品的销售问题。大型集散地农产品批发市场由于具有交通便利、功能齐全、辐射范围广等特点，发挥了远距离运输集货和中转批发作用，有力推动了农产品大流通格局的形成。

2. 满足了交易双方扩大交易规模和交易空间的要求，节约了交易成本和交易时间

农产品批发市场是一种或多种农产品及其系列商品集中进行现货交易的场所，是解决农业生产的大批量与消费形式多样化之间客观矛盾的有效交易形式，能够明显地节省交易成本。批发市场的高效率和低交易费用是零售市场所不可替代的。农产品批发市场的开放性、灵活性的特点和横向经济联系的形式，有利于按照商品的自然流向和运动规律进行流通，促进产销直接见面，极大地节约了交易时间。

3. 农产品批发市场能够充分发挥价值规律的作用，调节农产品生产与流通，推动商品经济发展

拥有众多生产者和消费者的农产品批发市场，具有买卖的广泛性和更充分的市场竞争性，使其成交价格能较好地反映市场供求关系的变化，从而促进生产者和消费者效用的最大化。

4. 农产品批发市场能够为农业生产者提供综合服务，特别是信息服务

农产品批发市场的交易情况，客观地反映了农产品供需及价格等市场信息的变动情况，能够为农业生产经营和决策提供信息指导，尽量规避农产品生产和经营上的盲目性。

四、农产品期货市场

（一）农产品期货市场的概念

期货交易是与现货交易相对应的一种交易方式，是商品交换的一种特殊

方式，其最早始于农产品期货合约。农产品期货是世界上最早上市的期货品种，并且在期货市场产生之后的 120 多年中，农产品期货一度成为期货市场的主流。狭义的农产品期货市场是指进行农产品期货交易的场所，通常特指农产品期货交易所。广义的农产品期货市场是指农产品期货合约交易关系的总和，它是由相互依存和相互制约的期货交易所、期货交易结算所、期货经纪公司和期货交易者组成的一个完整的组织结构体系。

（二）农产品期货市场的特性

1. 交易对象的特殊性

农产品期货市场以农产品期货合约为交易对象。农产品期货合约是一种由期货交易所统一制定、在交易所内集中交易、受法律约束并规定在未来的某一特定时间和某一特定地点交割一定数量和一定质量的某种特定农产品的标准化合约。标准化的农产品期货合约只是现货的象征或代表。

2. 交易商品的特殊性

农产品期货市场中交易的商品是一些具有代表性并且需要具备一定条件的特定农产品。这类农产品通常需要具备两个基本条件：一是品质等级易于标准化；二是能够长期贮藏且适于运输。另外，对农产品期货市场交易的农产品来说，其现货市场应具备两个基本特征：一是特定期货农产品的现货市场接近完全竞争市场；二是特定现货市场环境发达完善，使得现货市场交易和投资主体不仅需要而且能够利用期货市场回避现货价格波动的风险或获得风险利润。

3. 交易目的的特殊性

进入农产品期货市场的交易者的目的是利用农产品期货市场进行套期保值，以规避农产品现货价格波动的风险，或是为了利用期货市场价格的上下波动来投机获利。

4. 交易场所与交易方式的特殊性

农产品期货市场中的交易必须在高度组织化的期货交易所内依照期货法规集中进行，即不能分散地进行交易，所有的交易都要集中在期货交易所内通过公开、公正、公平竞争的方式进行。

5. 交易保障制度的特殊性

农产品期货市场中的交易虽然也有基本的法律保障，但更重要的交易保障制度是由会员制度、保证金制度、无负债结算制度等构成的规则制度，以此保障期货交易的正常运行。

6. 交易机制的特殊性

农产品期货市场交易机制的特殊性在于其双向交易和对冲交易。双向交易是指在期货交易中，交易者既可以买入期货合约作为期货交易的开端，也可以卖出期货合约作为交易的开端，也就是通常所说的买空卖空。对冲交易指盈亏相抵的交易，即同时进行两笔行情相关、方向相反、数量相当、盈亏相抵的交易。

（三）农产品期货市场的功能

1. 规避价格风险，保障农户和相关经营者利益

现货交易的农产品价格只能反映即期市场供求的价格。由于农产品生产周期长，不可控因素多，价格往往具有滞后性。随着期货交易的产生和发展，生产经营者可以在期货市场上进行套期保值业务来规避、转移或分散现货市场上农产品价格波动的风险。套期保值能够实现规避价格风险的基本经济原理在于某一特定商品的期货价格与现货价格在同一时空内会受相同的经济因素影响和制约，因此一般情况下两个市场的价格变动趋势相同。

2. 发现合理价格

期货交易所是一个公开、公平、公正、竞争的交易场所，它将众多影响供求关系的因素集中于交易所内,通过公开竞价,形成一个公正的交易价格。这一交易价格被用来作为该商品价值的基准价格,通过现代化的信息传递手段迅速传递到全国各地,人们可以利用此价格来制定各自的生产、经营和消费决策。期货交易具有发现价格的功能,主要是因为:第一,期货交易参与者众多,成千上万的买家和卖家集聚在一起进行竞争,代表了供求双方的力量,有助于真实价格的形成;第二,期货交易中的交易主体大都熟悉某种商品行情,有丰富的经营知识和广泛的信息渠道以及一套科学的分析、预测方法;第三,期货交易透明度高,竞争公开化、公平化,有助于形成公正的价格。期货市场是集中化的交易场所,自由报价,公开竞争,避免了现货交易中一对一的交易方式极易产生的欺诈和垄断行为。通过规范化的市场和公平竞争形成的期货价格,能比较客观地反映未来农产品的供求状况和价格走势,可以给农产品的经营者提供具有权威性的下一生产周期的合理预期价格。

3. 风险投资功能

风险投资功能主要是针对期货投机者而言的。期货风险投资一般包括两层含义:一是投资者将一定金额的货币资金用于期货交易项目,即买卖期货合约;二是投资者参与期货交易的目的主要是获得以货币表示的经济收益。因而期货风险投资是一个含义较为广泛的概念,无论投资主体是为了获取转移风险带来的经济收益,还是为了获得超额利润,只要特定的投资主体为了获取经济收益而用一定数额的货币买卖期货合约,都属于期货风险投资行为。

4. 资源配置功能

资源配置功能的发挥不是通过直接实物交割来实现的,而主要是通过期货市场的杠杆作用,间接调配物资在期货市场外流转。同时,期货市场快捷的信息传递、严格的履约保证、公平公开的集中竞价、简捷方便的成交方式,全方位地、迅速有效地抹平区域性不合理的价差,也促进了资源配置效果的实现。

第二节　农产品物流

一、农产品物流的概念及特点

（一）农产品物流的概念

农产品物流是指以农业产出物为对象，通过农产品产后加工、包装、储存、运输和配送等物流环节，实现农产品保值增值，最终送到消费者手中的活动。具体而言，它包括农产品的收购、运输、储存、装卸、搬运、包装、配送、流通加工、分销、信息活动等一系列环节。

（二）农产品物流的特点

由于农产品独特的自然属性和供求特性，农产品物流有着明显区别于工业品物流的特征。

1. 农产品物流的数量大、品种多、范围广

当前粮食、经济作物及畜牧产品和水产品的商品率极高，它们不仅直接满足了人们的生活需要，还要向食品工业、轻纺工业、化工业等提供原料，因此导致农产品物流的需求量大、范围广。

2. 农产品物流要求高

农产品一般都是有生命的动物性与植物性产品，因此农产品物流特别注重"绿色物流"，以保证在物流运输过程中不污染、不变质。另外，由于农产品价格较低，要努力做到低成本运作。此外，农产品流通还涉及农民收入水平的提高，所以，农产品物流一定要做到服务增值，即农产品加工转化和农产品加工配送。

3. 农产品物流面临较大的风险

一方面，农产品的新鲜度直接影响其品质与价格，而农产品的易腐易烂特点使其在运输仓储等环节面临较大的风险；另一方面，农业生产具有较强的地域分散性和季节性特点，而农产品的消费具有全年性和普遍性，这导致了农产品供需之间产生矛盾，使得供求信息的准确掌握和及时调整都比较困难，从而加大了农产品物流环节的风险。

4. 农产品物流的来源较为单一

农业生产的地域性和相对集中性与农产品消费的分散性之间的矛盾，是导致这一特点的主要原因。一方面，农产品绝大多数是由农村向各个城市流通；另一方面，由于农业生产受自然环境的制约，个别农产品只能从特定的地点流出。

5. 农产品物流运输不均衡

一方面，由于农产品生产的季节性特点，在农产品的收获季节及其以后一段时间是农产品的运输高峰期，对运输能力的需求较高，而在其余的时间里，农产品的运输量则相对较少。另一方面，农产品多是有生命的有机物，易损易腐，需要根据其物理化学性质采用科学合理的运输方式，如水果的恒温保鲜运输、粮食的散装运输等。

二、农产品物流的类型与功能

（一）农产品物流的类型

根据农产品物流具体对象的不同，大致可将农产品物流分为以下几类：① 粮食物流。粮食是人类生存最主要的物质资源。② 经济作物产品物流。经济作物是指除供人们食用外，可作为工业尤其是轻纺工业和食品加工工业原料的农产品，因其商品率远远高于粮食作物，对物流的需求量大。③ 畜牧产品物流。畜牧产品既是人们生活所需的肉、蛋、奶等食物的来源，也是轻化、化工、制革、制药工业的原料来源，对物流需求量较大，还可进一步细分为奶类物流、肉类物流及蛋类物流等。④ 水产品物流。水产品是海洋和淡水渔业生产的动植物及其加工产品的统称，主要分为鱼、虾、蟹、贝四大类。⑤ 林产品物流。林产品是重要的工业原料，营林和竹木采伐对物流需求大，主要包括林产品的运输、装卸和搬运三方面。⑥ 其他农产品物流。未能归入上述类别的农产品物流，统称为其他农产品物流。

（二）农产品物流的功能

农产品物流系统具备不同的功能，它们相互联系、相互作用。具体包括以下功能。

1. 包装功能

包装有两层含义，即包装物体的容器和对物体施加包装的行为过程。根据包装的作用不同，包装物可分为运输包装和销售包装。包装是商品在生产领域的延续，又有消费领域"无声的推销员"的作用。包装作为物流活动的起点，在农业物流系统中的功能主要包括：第一，保护的功能，即保护农产品价值和使用价值在流通过程中不受外界要素的损害，主要包括外部自然环境因素的影响（如温度的变化会影响肉蛋奶类产品的品质）和外部非自然因素的影响（如运输过程中强烈的碰撞对产品的冲击或在装卸搬运过程中发生的跌落等）。因此，做好农业物流的包装工作，充分发挥其保护功能，既能防止农产品本身性能发生变化，又可减少农产品在流通及消费过程中遭受外力的破坏。第二，便捷的功能，即农产品标准化的包装便于装卸、搬运、储存及运输等环节的作业，并提高仓库的利用率和运输工具的装卸能力。第三，销售的功能。农产品的包装在销售环节往往给消费者留下"第一印象"，在农产品品质相同的情况下，精美的包装能够激发消费者的购买欲望，并产生购买行为，成为影响消费者决策的重要因素。

2. 装卸搬运功能

装卸搬运是指物品从一种状态到另一种状态的活动。装卸侧重物品存放状态的改变，搬运则强调物品空间位置的改变。装卸搬运介于生产和流通之间，为二者创造商品的时间效益和空间效益，在农产品物流过程中占有非常重要的位置。其功能主要表现为：第一，衔接的功能。农产品在生产领域、流通领域及消费领域的流转及各种运输方式之间的转换都需要通过装卸搬运来实现，装卸搬运伴随生产和流通过程的各个环节，保证了农业生产各阶段的衔接，是流通过程中各环节相互转换的桥梁。第二，保障和服务的功能。装卸搬运活动本身是一种劳务，其质量好坏直接影响农产品流通过程是否通畅。做好装卸搬运工作，可以有效避免农产品"跑在中间，窝在两边"现象的发生，提高流通效率，减少农产品的跌落损失，增加农民的收入。

3. 运输功能

运输是指物品借助运力在空间上所发生的位置移动。运输环节是农产品物流过程的一个中心环节，是物流系统中的一项重要作业活动。运输功能能够创造农产品的空间效用，消除农产品的生产和消费之间在空间位置上的背离，实现农产品的使用价值，满足社会的各种不同需要。农产品物流系统中运输功能的发挥可以有效提高农产品流通速度和效率，降低农产品物流费用，扩展农产品流通渠道，增加农产品销路和农民收入，从而促进农村经济的稳定发展。

4. 储存保管功能

储存保管是指从接收储存物品开始，经过储存保管作业，直至把物品完好发送出去的全部活动过程，包括储存保管的对象、储存保管的工具及储存保管的技术。储存在生产、流通、消费领域中普遍存在，保管是储存的继续。储存保管可以保障社会生产的连续进行和物流各环节的顺畅进行，同时保证农产品价值和使用价值不受损害且本身性能不会变化。从流通领域来看，农产品必须保持一定数量的流通储存才能保证农产品市场的正常供应，满足消费者的各种需求，如我国的储备粮制度不但是我国粮食市场宏观调控的重要政策工具，也是我国粮食价格和供应稳定、满足人民群众生活需要的重要保障。从物流角度看，它与运输环节共同构成了农产品物流的两大支柱，是农业物流系统的一项重要功能，与其他环节一起为物流提供了时间效用。加强农产品储存保管的管理，采用先进的储存保管技术，完善储存保管设施的建设，能够在较大程度上规避农产品因储存保管上的不足而出现的"库存积压""供应不足"及"腐烂变质"等现象，降低生产成本，提高农业生产效益。

5. 流通加工及废弃物的回收与处理功能

流通加工是指在物流过程中，对农产品进行一些辅助性的加工活动。废弃物的回收与处理是指在物流过程中，对生产和消费中产生的大量废弃物进行收集、加工、处理等一系列活动。二者都对物品进行加工处理，创造物品的加工价值。通过农产品物流的流通加工环节，对生产企业所需的农业原料进行简单的初级加工，既为生产企业节省了初级加工的人财物等支出，又能够提高设备利用率和加工效率，还能合理地组织运输和配送，提高农业物流效益。通过对农产品生产和消费中的废弃物进行回收、处理，既提高了农业资源的再利用率，有助于农民增收，又为农民创造了良好的生产条件和洁净的生活空间。

6. 增值服务功能

农产品物流可以提供物流信息情报是其增值服务功能的主要体现。农产品物流信息情报是指在一定时期内对农业物流各环节运动变化情况及一定范围内的其他活动情况的反馈。在农产品物流中，及时、准确、全面的农业信息是农产品物流的生命。农产品物流信息在农村发展中起着"引导"和"预测"的作用，农户可以借助市场信息来指导生产，准确地调整生产结构和品种结构，并在外部波动时做出稳定的预测，由此增强驾驭市场的能力。

三、农产品运输与配送管理

（一）农产品的运输

1. 合理选择农产品运输方式、运输路线和运输工具

运输方式是指交通运输的性质（海、陆、空），运输路线是指交通运输的地理途径，运输工具是指运输承载物。运输方式是运输路线和运输工具的表现形式，运输路线和运输工具是运输方式的载体。三者关系紧密，是影响农产品运输的重要因素。

合理选择农产品运输方式、运输路线和运输工具，是指在组织农产品运输时，按照农产品运输的特点、要求及合理化原则，对所采用的运输路线和运输工具，就其运输的时间、里程、环节、费用等方面进行综合对比计算，减少增加运输时间、里程、环节、费用等的各种不合理因素和现象，选择最经济、最科学合理的运输方式、运输路线和运输工具。

农产品运输除了采用现代化的交通运输方式和运输工具外，还大量使用一些民间运输工具，如拖拉机、帆船、驳船、畜力车、牲畜等。这些运输方式和运输工具各有特点，能够满足特定的自然地理条件或自然属性和产销状况不同的农产品的运输需要。对此需要区别情况，因地制宜，进行合理选择。

对于大宗农产品远程运输，适宜选择火车，因为火车具有运量大、运费低、运行快、安全、准确性和连续性较高等特点。对于短途农产品运输，适宜选择汽车，因为汽车运输具有装卸方便、机动灵活、可直达仓库，以及对自然地理条件和性质不同的农产品适应性强等特点。对于鲜活农产品，可根据鲜活性、成熟度，选择具有相应保养条件的、速度较快的运输工具和运输方式。大宗耐储运农产品运输，适宜选择轮船，因为轮船运输运量大、运费低，虽然速度慢一些。对于那些有特殊急需的农产品运输，可利用飞机运输，因为飞机速度快，但是由于飞机运费太高，一般情况下不宜采用。液体农产

品的特殊运输，可利用管道。管道运输虽然一次性投资大，但可获得长期收益，具有综合效益高、自动化程度高、安全可靠、运输损耗少、免受污染等优点。

民间运输工具是我国农产品运输不可忽视的重要力量。民间的各种运输工具数量多、分布广、使用灵活方便，在某些特殊情况下，是其他现代化运输工具所代替不了的。所以，在广大农村，特别是交通不便的边远地区，民间运输工具是必不可少的，尤其适宜零星分散的少量农产品的短途运输。

2. 采用直达、直线、直拨运输

直达运输是指将农产品从产地或供应地直接运送到消费地区、销售单位或主要用户，中间不经过其他经营环节和不转换运输工具的一种运输方式。采用这种运输方式运送农产品，能大幅缩短商品待运和在途时间，减少在途损耗，节约运输费用。农产品，尤其是易腐易损农产品的运输，应尽可能采用直达运输方式。有些农产品，如粮食、棉花、麻、皮、烟叶等，虽然耐储运，但由于供销关系比较固定，而且一般购销数量多、运量大、品种单一，采用直达运输方式也很适宜。在组织农产品直达运输中，应当和"四就直拨"（就地、就厂、就站、就库直接调拨）的发运形式结合起来，灵活运用，其经济效益会更好。

直线运输是指在农产品运输过程中，从起运地至到达地有两条以上的运输路线时，应选择里程最短、运费最少的运输路线，以避免或减少迂回、绕道等不合理运输现象。直线运输和直达运输的主要区别在于：直线运输解决的主要是缩短运输里程问题，直达运输解决的主要是减少运输中间环节问题。在实际工作中，将二者结合起来会收到双重效果。所以，通常合称直达直线运输。

直拨运输是指调出农产品直接在产地组织分拨各地，调进农产品直接在调进地组织分拨调运。直拨运输一般适用于品种规格比较简单、挑选空间不大的大宗农产品运输。

3. 中转运输

中转运输通常是指农产品集散地的批发机构，将农产品集中收购起来，然后再分运出去。中转运输也是组织农产品运输的一种必要方式，有许多功能：可以把分散收购的农产品集中起来，再根据市场需要转运各地，有利于农产品经营单位按计划组织调拨；可以根据农产品的收购、储存情况和市场需求的缓急程度，正确编制运输计划，提高农产品运输的计划性；便于选择合理的运输方式、运输路线和运输工具，开展直达、直线、直拨运输，使农产品运输更加合理化。

4. 大力开展联运

联运是指两种以上的运输工具换装衔接，联合完成农产品从发运地到收货地的运输全过程。联运的最大特点是，农产品经营部门只办理一次手续即可完成全过程的托运。现阶段我国的联运主要是水陆、水水（江、河、湖、海）、陆陆（铁路、公路）联运和航空、铁路、公路联运。

开展农产品联运，既适应我国交通运输的客观条件和运输能力，也符合农产品产销遍布全国、点多面广的特点。只要联运衔接合理，就可缩短待运时间，加速运输过程。组织联运是一项复杂工作，在组织农产品联运时，购销双方要和交通运输部门密切配合，加强协作，提高联运的计划性、合理性；要通过签订联运合同，落实保证联运顺利进行的措施和责任，以提高联运效果。

5. 大力发展集装箱运输

集装箱是交通运输部门根据其运输工具的特点和要求，特制的装载商品的货箱。选用时，要根据农产品的重量和用以装载的车型来确定，以求装满载足、减少亏吨。

集装箱运输过程机械化、自动化操作程度高，是现代化的高效运输形式。采用集装箱运输，有利于保证商品安全，简化包装，节约装载、搬运费，加快运输速度，便于开展直运和联运。集装箱运输适应农产品易腐易变的特点和运输要求，应大力发展。

6. 提高运输工具的使用效率和装载技术

运输工具的使用效率，是指实际装运重量与标记载重的比率。提高运输工具使用效率的要求是：既要装足吨位，又要装满容积，这就要求必须提高装载技术。提高运输工具使用效率和装载技术可以挖掘运输工具潜力，运送更多的商品，降低运输成本，节约运费开支。

提高运输工具使用效率和装载技术的主要途径包括：① 改进包装技术。比如，对轻抛物资科学打包，压缩体积，统一包装规格等。② 大力推行科学堆码和混装、套装等技术。要根据不同农产品、不同包装和不同运输工具的情况，大力推行科学堆码和混装、套装等技术。这些技术，都是当前充分利用运输工具的容积和吨位、扩大技术装载量比较切实可行的措施。如把轻抛商品和实重商品合理地配装起来，就能收到车满载足的良好效果。③ 改进装载方式方法。如粮食运输由袋装改为散装，不仅节约了大量包装费，也大大提高了装载量。④ 大力组织双程运输，减少运输工具空驶；组织快装、快卸，加速运输工具周转。

7. 推广冷链运输

冷链运输是指对鲜活农产品从始发地运送到接收地，每一环节的转运或换装都保持在规定的低温条件下进行。比如鲜鱼的运输，就应用冷藏船运到冷藏汽车，再运到冷藏火车，下站后再用冷藏汽车运到冷库。冷链运输能抑制微生物繁殖和细菌的活动，防止农产品腐变和减少在途损耗。

（二）农产品的配送模式

农产品物流配送是指根据农产品消费者的需求，在农产品配送中心、农产品批发市场、连锁超市或其他农产品集散地进行加工、整理、分类、配货、配装和末端运输等一系列活动后将农产品交给消费者的过程，主要包括农产品供应商配送和超市连锁配送。其中，前者主要包括农产品配送企业、农产品批发市场、农产品生产者的专业协会等配送主体向超市、学校、宾馆和社区家庭等消费终端配送农产品的过程，而后者主要是经营农产品的超市由总部配送中心向各连锁分店和其他组织配送农产品的过程。

由于农产品的特性以及产销地域广阔分散的特点，对农产品物流规划、方式和手段提出了比较高的要求，这个物流过程也是农产品实现其市场价值的关键环节。作为现代物流的新业态，农产品物流统一组织货源，进行检验检疫、整理清洗、分拣包装，根据订单要求直接送到消费者手中，完成农产品从"田间"到"餐桌"的全程服务，具有安全、高效、便利的特点。在农产品物流整个过程中，农产品配送中心的选址决策至关重要。农产品配送中心是连接农产品生产基地与消费者的纽带，其选址往往决定着农产品物流的配送距离和配送模式，进而影响着农产品物流系统的运作效率。

一般农产品的配送模式有如下三种。

1. 农超对接

农超对接即农产品生产与超市直接对接，市场需要什么，农民就生产什么。具体而言就是农户和商家签订意向性协议书，由农户向超市、菜市场和便民店直供农产品的新型流通方式，主要是为优质农产品进入超市搭建平台。

"农超对接"的本质是将现代流通方式引向广阔农村，将千家万户的小生产与千变万化的大市场对接起来，构建市场经济条件下的产销一体化链条，既可避免生产的盲目性，稳定农产品销售渠道和价格，还可减少流通环节，降低流通成本，实现商家、农民、消费者共赢。

2. 农社对接

农社对接即由农田到社区居民楼下的点对点的直销模式，具体而言就是农民专业合作社在城市社区开设直销店、连锁店，面向社区居民直供直销合作社生产的农副产品，主要是为优质农产品进入社区搭建平台。农社对接是在农超对接基础上发展演变而来的，进一步减少了农产品流通环节，降低了流通成本，实现农民和消费者双赢。目前，已形成社区菜店（点）、车载市场、综合直销店和高端配送等多种类型的农社对接模式。

3. 农居对接或农家对接

农居对接或农家对接一般针对白领阶层和家中有老人、小孩、孕妇的家庭，以及中高收入家庭，主要配送净菜、营养套餐菜系、有机蔬菜、有机农产品、有机禽蛋、有机肉类等。

第三节　农产品营销

一、农产品营销的概念及特点

（一）农产品营销的概念

农产品的市场营销是市场营销的一个重要环节，它涉及个体和集体通过创造和与他人交换产品价值来满足自身的需求和欲望，这是一个社会过程和管理过程。这是农产品的生产者和市场经营者为了实现农产品的价值而进行的一系列价值交换活动。

农产品营销的核心目标是确保生产出的农产品能够以合适的价格和流通途径销售给消费者，从而解决生产和消费之间的矛盾，并满足人们在生产和生活中的各种需求。

（二）农产品营销的特点

1. 农产品市场主体规模小且分散

目前，我国的农业生产主要还是以农户为主体，由于生产规模较小且分散，市场谈判能力相对较弱。这种对市场信息收集和分析能力的不足进一步导致了生产过程中的盲目性，从而引发了农产品供应的周期性波动。由于市场主体规模较小且分散，农产品的流通环节变得过多，同时运输环节也难以实现规模经济。

2. 农产品经营风险较大

农产品经营中的风险主要分为两大类：市场风险和非市场风险。由农产品市场的供需变动引发的是市场风险，而由自然灾害或恶劣的经营环境导致的则属于非市场风险。农产品批发市场的价格波动幅度相当大，这给从事农产品批发业务的中间商带来了相当大的市场风险。农产品价格的剧烈波动主要有两个原因：首先，由于鲜活和易腐的农产品不适合长期储存，因此在从产地运输到销售地的批发市场后，无论价格如何，都必须在相对较短的时间内完成销售；其次，由于规模较小且分散的农产品市场参与者在生产和经营决策中的盲目性和机会主义行为，这进一步加剧了批发市场中农产品供需的不均衡状况；第三，农产品的批发商如果不能及时并准确地获取市场的实时信息，这可能会引起农产品价格的不稳定，从而增加农产品经营者面临的市场风险。

3. 受政府宏观调控的影响较大

农产品对于国家的经济和民众的生活至关重要。鉴于农户的分散生产模式和他们对市场风险的有限抵抗力，政府通常会采取支持农业生产的政策来进行宏观经济调控，这无疑会对农产品市场的供应和需求产生深远的影响。

二、农产品营销策略

（一）农产品目标市场营销

目标市场营销是指企业识别各个不同的购买者群体，选择其中一个或几个作为目标市场，运用适当的市场营销组合，集中力量为目标市场服务，满足目标市场的需要。农产品目标市场营销通常由三个步骤组成：农产品市场细分、农产品目标市场选择和农产品市场定位。

1. 农产品市场细分

农产品市场的细分过程是基于农产品总体市场中不同地区消费者在需求、购买行为和购买习惯等方面的差异，将农产品总体市场划分为多个不同类型的消费者群体。每个消费者群体都形成了一个具有相似需求和愿望的细分市场。农产品市场的细分主要是根据消费者的各种需求和行为来进行的，而不是基于产品或企业本身的分类。

（1）农产品市场细分的标准

作为消费者市场的重要组成部分，农产品市场细分也依据常用的四大细分标准。

第一，地理细分。地理细分指的是基于消费者的地理位置和环境来对消费市场进行细致划分，其中的细分标准涵盖了地域、人口规模、人口密集度、气候条件、地貌和交通状况等多个方面。其具体的分类标准是：居住在各种地理环境中的消费者，对于农产品都有各自独特的需求和喜好。俗语如"一方水土养一方人"和"靠山吃山，靠水吃水"都揭示了地理位置差异如何影响人们的饮食喜好。

企业可以选择一个或几个地区经营，也可在整个区域经营，但应注意地区间消费需求和欲望的差异性。企业应努力使自己的产品、营销活动适应个别地区、城市甚至居民的需要。

第二，人口细分。人口构成了市场的三大核心要素之一，而人口细分则是基于消费者的年龄、性别、职业、家庭背景、家庭生命周期、种族背景、宗教信仰、收入状况、教育水平、民族背景和国籍等多个人口统计因素，将市场细分为多个独特的群体。人口这一变量不仅是农产品市场细分的关键指标，而且在这四大变量中是最易于量化的。

例如，在一般情况下，收入与受教育水平越高，人们就越注重营养、质量与安全，因此可将农产品市场按照质优价高的标准来细分市场，如"有机蔬菜""绿色农产品"等就能满足那些高收入且偏好优质农产品的消费群体。

第三，心理细分。这是指根据人们的性格或生活习惯等多种因素，对农产品市场进行细致的划分。随着社会经济的持续增长和人们生活品质的不断提升，尤其是在经济条件相对较好的地区，人们在购买农产品时受到心理因素的影响越来越大。"萝卜青菜，各有所爱"这句话揭示了心理因素如何影响人们的购买决策。鉴于消费者需求具有一定的诱导性，企业有可能实施一系列策略以激发人们的购买意愿，从而促使他们产生购买行为。

例如，农产品生产流通中一些不规范的做法，造成农产品质量安全问题频发的信息会影响人们在购买农产品时对销售场所的选择，规范化运营的大型商超就成为人们购物的首选。

第四，行为细分。行为细分是按照消费者的购买行为因素，如使用情况、购买习惯、追求的利益、使用状况和使用频率、品牌忠诚度等对市场进行划分。例如，根据消费者追求的利益，可分为追求品质、经济、服务、舒适、耐用等；依据消费者的忠诚度，可分为无忠诚、一般忠诚、强烈忠诚、绝对忠诚等。行为细分变量中对农产品消费者影响最大的是品牌，尤其是农产品加工市场中品牌影响甚大。

（2）市场细分需注意的问题

第一，市场细分的细分变数并非一成不变，而是动态的，要随着社会生产力与市场供求状况的变化而灵活变动。

第二，由于企业间的生产技术条件、营销资源状况和产品情况等存在区别，对同一市场进行细分时不同的企业应采用不同的细分标准。

第三，企业市场细分的方法，可以采用单因素细分法、综合因素细分法或系列因素细分法。

2. 农产品目标市场选择

农产品市场的细分目标是为了精准地挑选并成功进入预定的市场。农产品的目标市场指的是农业公司或农产品销售机构选择进入并为其提供服务的农产品交易市场。在选择农产品的目标市场时，通常是基于市场的细分，挑选一个或多个这样的细分市场作为主要的营销目标。

（1）目标市场应该具备的条件

第一，要有适当的规模和发展潜力。作为农产品目标市场，首先要有一定的规模，即足够数量的顾客，能够保证企业有利可图。而且，目标市场要有一定的发展潜力，要适应企业长远的发展战略。

第二，要有一定的购买力。只有当市场拥有一定的购买能力时，它才能成为真正的市场，并为企业创造充足的销售收益。当企业决定目标市场时，他们首先需要对消费者的购买能力进行深入分析，因为即便存在潜在的需求，如果市场本身并不具备购买能力，那么它就不能被视为目标市场。在研究购买力的过程中，我们不仅要深入了解消费者的收入和经济能力，还需要探讨他们各自的消费喜好和趋势。

第三，市场尚未被竞争者控制。在确定目标市场的过程中，企业还需仔细考量市场竞争的现状。如果市场还没有完全落入竞争对手的手中，那么企业在这一市场中依然具有展现其竞争优势的潜力；如果一个企业的竞争对手只是在表面上控制了市场，但企业本身具有强大的实力，那么它仍然可以通过竞争和合作，结合公关和行政策略，来在这个市场中获得一席之地。

第四，符合企业经营目标和资源能力。在选择目标市场的过程中，企业需要特别关注其现有的资源状况和能力，以及他们所擅长和能够胜任的领域。只有当企业具备足够的人力、物力、财力和管理能力等多方面的条件时，才能把某个特定的子市场作为其主要的目标市场。

（2）目标市场营销策略

在许多可供选择的细分市场中，企业是选择一个还是多个细分市场作为目标市场，是企业营销的重要战略性决策。通常有以下三种策略可供选择。

第一，无差异性市场营销策略。企业在进行市场细分时，往往忽略了不同细分市场之间的差异，而更多地关注细分市场需求的共性。他们将所有子市场，即农产品市场的整体市场，视为一个更大的目标市场，仅推出一种特定的农产品，并制定统一的市场营销策略，旨在尽可能满足更多客户的需求。在消费者对农产品需求的差异相对较小的情况下，实施无差别的市场营销策略是一个合适的选择。

无差异性市场营销的一个显著优势在于：由于其产品种类有限，它能够支持大规模的生产、存储、运输和销售，这有助于减少每单位农产品的生产成本，并增强其在市场上的竞争力。它的不足之处在于：仅依赖单一农产品难以满足消费者的多元化需求；如果竞争对手推出了与众不同的产品，这将导致大量客户的流失；当企业过分依赖单一的产品时，它们在市场上的适应性相对较弱，因此需要面对更大的市场运营风险。

第二，差异性市场营销策略。这意味着企业会根据各个细分市场中消费者对农产品的不同需求，生产各种不同的农产品，并采用不同的营销策略，以满足不同子市场的需求。这一策略对于从事多元化业务的大型农业公司、小规模农业企业以及单一的农业生产者来说，都是一个合适的选择。

差异化市场营销策略的一个显著优势在于：它通过生产和经营各种农产品来满足不同消费者的多样化需求，这不仅有助于扩大农产品的销售规模，还能提升企业的总销售量，从而进一步增加销售收益和利润。它的不足之处在于：企业需要大量的投资，生产和经营过程相当复杂，每单位农产品的生产和销售成本都相对较高。

在农产品市场中，当产品高度同质化时，企业采取差异化的市场营销策略显得尤为关键。在实施这一策略的过程中，企业主要从事小规模、多种类的生产活动，例如面粉制造商会推出不同加工水平、不同规格和不同系列包装的面粉，而猪肉制造商则负责生产分割后的肉类等。对于采纳这种模式的农业生产者，尤其是那些规模较小的，不应过分细分目标市场，因为过于细致的差异化营销可能会导致较高的营销成本。

第三，集中性市场营销策略。这意味着企业会集结所有的资源和力量，只挑选一个或几个性质相近的子市场作为目标市场，仅生产一种较为理想的农产品，实施专业化的经营策略，以期在较少的子市场中获得更大的市场份额。这种策略通常被资源条件不佳的公司或单一的农业生产者所采纳，例如发展具有特色的农业或生产独特的农产品等。

集中性市场营销策略的一个显著优势在于：它允许企业将其资源主要集中在少数的子市场上，这不仅有助于企业迅速占据市场份额，还能塑造其产品和企业的正面形象，同时还能降低营销成本并实现较高的投资回报率。它的不足之处在于：目标市场范围过窄，公司的产品种类有限，无法有效应对市场需求的波动风险。

3.农产品市场定位

农产品市场定位涉及农业经营者根据其竞争对手当前产品在市场上的定位，依据消费者对该产品某一特性或属性的关注程度，积极塑造企业产品的独特个性或形象，并将这些形象生动地传达给消费者，从而确定该产品在市场上的合适位置。

农产品的独特性和形象不仅可以通过其产品的实体特性来展现，消费者的心理认知也是一个重要的反映方面。此外，价格、品牌、品质、等级和技术的前沿性也是其展现的关键因素。

（1）农产品市场定位的步骤

第一，分析目标市场的现状，确定本企业潜在的竞争优势。企业的营销团队通过深入的调查和分析，充分了解目标客户对农产品的需求和他们的需求满足度，同时掌握竞争者对产品的定位，进一步分析客户对公司的预期，从而得出相关的研究结论，并据此确定公司的潜在竞争力。

第二，准确选择竞争优势，对目标市场初步定位。企业在与竞争对手的比较中，应从经营管理、技术研发、采购供应、市场营销能力、资本和财务状况、产品特性等多个维度出发，准确评估企业的综合实力，并确定其相对于竞争对手的优势地位。

第三，准确传播独特的竞争优势。企业通过一系列的宣传和促销活动，将其独特的竞争优势准确地传达给潜在的顾客，并在顾客的心中留下深刻的印象。首先，公司需要确保其目标客户对公司的市场策略有深入的了解、认可和偏好；接下来，为了巩固其在市场上的定位，企业应致力于加强目标客户对公司形象的认知，保持他们的稳定态度，并深化彼此之间的情感联系；最终，企业还需要密切注意目标客户对市场定位的理解偏差，或者是企业市场定位宣传的失误导致的目标客户的认知模糊、混乱和误解，及时调整与市场定位不一致的形象。

（2）市场定位的策略

第一，避强定位策略。这意味着企业试图避免与最有实力或实力更强的其他公司直接竞争，而是选择将其产品定位到另一个市场，确保其产品在某些特性或属性上与最有实力或最强的竞争对手存在明显的差异。

避强定位策略的主要优势在于：它可以帮助企业迅速地在市场中获得稳固的地位，并在消费者或用户的心中塑造一个积极的形象；市场上的风险相对较低，成功的概率也相对较高。其主要的不足之处在于：避免与强势对手竞争常常导致企业不得不舍弃一个最理想的市场定位，这极有可能让企业陷入不利的市场状况。

第二，迎头定位策略。这意味着企业会选择一个与市场上的强势企业产品相近或重叠的市场位置，并与这些市场中的强势企业采用相似的营销策略，以争夺同一市场份额。

采用迎头定位策略的主要优势在于：在激烈的竞争中，它经常成为焦点，有时甚至会引发所谓的轰动效应，使得企业和其产品能够迅速被消费者所认识，从而更容易塑造出良好的市场形象。它的主要不足之处在于：存在相当高的风险。

第三，创新定位。这意味着企业在寻找新的、尚未被占领但具有潜在市场需求的位置，以填补市场的空白，生产出市场上没有的、具有某种特色的产品。

第四，重新定位。这是一种企业活动，其目的是为已经在特定市场上销售的产品重新塑造一种特定的品牌形象，以便改变消费者的传统观念，并使这些产品在市场上获得更有利的地位。当一个企业的产品在市场上的定位出现偏差，产品在目标消费者心目中的位置和企业的定位期望产生分歧，或者消费者的偏好发生变化时，企业通常需要考虑重新定位，以摆脱困境。对于企业来说，市场的重新定位是适应市场营销环境变化的关键，但在重新定位的过程中，必须充分考虑由此带来的成本和预期收益。

（二）农产品市场营销组合

1. 农产品市场营销组合的概念

农产品的市场营销组合指的是农业经营者为了增加农产品的销售量并达到预定的销售目标，对各种可以控制的营销要素进行合理整合和应用。在20世纪50年代初期，美国的麦卡锡教授根据需求中心论的营销理念，将企业进行营销活动的可控因素总结为四大类：产品（product）、价格（price）、销售渠道（place）和促销（promotion），并据此提出了一个市场营销的 4P组合方案。到了 20 世纪 80 年代，随着大市场营销理念的出现，美国的营销专家菲利普·科特勒建议将政治力量（political power）和公共关系（public relations）纳入企业营销活动的可控因素中，以此为企业营造一个有利的国际市场营销氛围，进而形成一个包含 6 个 P 部分的市场营销组合。

2. 农产品营销组合策略

（1）产品策略

产品策略指的是农业公司或农产品经营者根据目标市场的需求，制定与农业新产品开发相关的计划和决策。通常涵盖了农产品的功效、品质、外表、设计、品牌、外包装、尺寸、服务以及担保等方面。

产品策略构成了市场营销战略的核心要素，而其他各种策略，如价格、分销渠道和促销活动等，也都是以产品策略为中心展开的。如果没有产品作为支撑，就无法满足消费者多样化的需求，因此其他的营销活动也就无从谈起。因此，农产品的产品策略构成了农产品市场营销组合策略的核心。农产品产品策略具体可包括：

第一，开发优质农产品。我国的农产品长时间面临产品同质化和价格偏低的问题，而高品质的农产品则相对匮乏。随着人们的收入水平逐渐上升和消费观念的转变，对高品质农产品的需求也在不断增加。研发符合市场需求的高品质绿色农产品不仅可以满足消费者的需求，还能增加农产品的附加价值，从而有助于提高农民的收入。

第二，注重农产品的包装设计。在农产品的市场推广中，农产品的包装既起到了保护农产品的作用，同时也促进了其销售。通过精心设计与农产品特性相符的包装，不仅能确保农产品的高品质和延长其储存期限，还能提升农产品的视觉吸引力，从而增加产品的整体档次和附加价值。

第三，打造农产品品牌。随着社会和经济的持续进步，人们在消费行为中对个性化的关注逐渐增强。在购买农产品的过程中，消费者不仅高度重视品牌选择，还更倾向选购那些具有较高知名度的农产品品牌。因此，农产品的经营者需要建立强烈的品牌意识，培育有影响力的品牌，提供具有差异性的产品，以提升农产品在市场上的竞争力。

（2）定价策略

定价策略指的是农业企业或经营者在销售农产品和提供劳务服务时所采取的决策安排，通常包括农产品的基本价格、折扣、付款方式和信贷条件等。

在市场营销组合中，定价策略无疑是最具活力的元素。企业在制定价格时，不仅需要考虑消费者的支付能力，还需权衡企业的成本补偿和盈利状况。

在确定农产品的价格时，我们应当在深入考虑所有相关因素的基础上，以成本作为最低标准，并坚持高质量高价格的策略，为高品质和有特色的农产品设定更高的价格。考虑到农产品的易腐特性、长时间储存的困难和较小的消费弹性，农产品的定价策略显示出了很高的灵活性。

（3）渠道策略

渠道策略描述的是农业公司或经营者为确保其产品能够进入目标市场

所采取的各种行动,这包括农产品的流通路径、各个环节、地点、存储和运输等方面。其中销售渠道是营销组合的重要因素,而且极大地影响着企业营销组合的其他因素,常见的农产品销售渠道有以下几种。

第一,专业市场。这是最常见的农产品销售渠道,是指通过影响力大、辐射力强的农产品专业批发市场,集中销售农产品。它的优势在于销售集中、吞吐力强、信息集中处理和反应迅速。

第二,贸易公司。指通过各种区域性销售公司销售农产品。贸易公司作为农产品销售的中间商,有其自身的利益要求,农业经营者要重视渠道伙伴关系,充分关注中间商的利益,最大限度地调动他们的积极性,实现双赢共处。

第三,大型超市。指通过大型超市的农产品专柜销售农产品。随着经济的发展,顾客的购买方式发生了变化,越来越多的顾客习惯到大型超市集中购买商品,超市中的农产品专柜能够吸引广大的顾客,有利于提高优质农产品的档次。

第四,直接销售。农业经营者可以直接销售农产品。

(4)促销策略

促销策略构成了市场营销组合的一个关键环节,并在企业营销活动中发挥着极其重要的作用。在农产品的推广中,使用促销策略要非常谨慎。关键是要根据营销的目标来合理地预算促销成本,并在这个预算范围内,有针对性地采用如推广、广告和公关等多种促销方式。

三、农产品国际市场营销

农产品的国际市场推广指的是跨越国家边界的农产品销售行为。在全球范围内,每一个国家或地区的农产品市场都构成了世界农产品市场的一个重要部分,而农产品国际市场则为各国提供了一个开展农产品贸易活动的空间平台。

如今,我国农产品的生产已经达到了总量的均衡,且在丰收年份供给仍然充足。尽管我们的主要目标是扩大国内需求，但我们同样需要高度重视在国际市场的竞争，并努力增加我国的主要农产品，如蔬菜、水果、花卉和畜牧产品的出口量。

为了增强我国农产品在全球市场的竞争地位并克服各种挑战，农产品的市场营销专家需要深入研究和应用农产品的营销组合策略，其中，强调经营特点是应对这些挑战的关键策略。特色经营的定义是，在市场营销差异化战略的引导下，农产品国际营销企业应在其产品和品牌的价格、服务以及分销和促销策略等方面发挥优势，规避劣势，从而在国际农产品市场竞争中将整体的不利因素转化为局部的优势，以获得更多的市场发展机会。通过特色经营，企业可以更好地配置资源，提升资源利用的效率，从而实现更高的经济回报。这不仅有助于企业更准确地确定其目标市场，还能提高企业的经营和管理能力，最终在全球市场上确立其独特的品牌和经营风格。农产品特色经营主要表现为以下几方面。

（一）产品特色

产品特色是指向国际市场提供区别于其他国家和地区的差异性产品，以满足不同国家或地区市场的特殊需求，并建立起在该区域的市场优势。集中资源发展特色农业，培育具有国际比较优势的农产品是农产品特色经营的基础，主要包括以下内容。

1. 结合资源条件，发展精细农业

我国幅员辽阔，物种丰富，各地的自然地理环境和特色农产品各有不同，因此要充分发挥各地的特色优势，寻求各地的最大比较优势，定位农产品的最佳经营品种，把资源优势转变为市场优势，努力把农业办精、办特、办活。

2. 积极发展劳动密集型的特色种养业

如大力发展水果、蔬菜、花卉和畜产品等，因为我国在这些农产品的出口上具有明显的价格优势，特别是畜产品出口占农产品出口总量的40%，竞

争优势明显。

3. 开发同一产品的不同用途，满足差异化的需求

针对各种用途而生产的农产品，经合理调配后可开拓更为广阔的市场。比如不同品种的柑橘，有专门供应水果市场的，有专门用来生产加工果汁的。

（二）品牌特色

品牌象征着销售方对于提供给消费者的产品特性、收益和服务的持续承诺，而一个声誉卓著的品牌则是确保产品质量的关键。品牌的独特之处在于，农产品的经营者在全球市场推广活动中，努力塑造出既有高知名度又具有鲜明个性的品牌形象。加强品牌经营策略被认为是农产品在国际市场推广中的明智选择。通过品牌经营，我们可以有效地推动产品的销售并塑造其品牌形象；这有助于满足消费者对品牌的心理和精神需求，同时也能增强顾客的忠诚度；这将有助于刺激新产品的市场销售，并增加产品的种类。

打造农产品品牌的方式：① 改善和提高农产品品质是树立品牌特色的关键。要坚持以优良的品种、优质的品质去拓展市场，创立农产品的质量品牌。② 发展农业龙头企业，培育知名品牌。要大力发展具有品牌效应、规模效益的农产品加工龙头企业，以农产品加工业的发展带动种养业的发展；要优先鼓励农产品深加工特别是外向型深加工企业，提高农产品附加值，增强国际市场竞争力。

（三）价格特色

在国际市场营销策略中，价格被视为一个非常敏感且难以调控的要素。它不仅影响市场对产品的接受度，还限制了市场的需求和产品的盈利能力，从而对生产商、销售者和消费者等多个方面的利益产生影响。在农产品的国际市场推广中，我们应当重视差异化的定价策略，以塑造其独特的价格特点。

1. 同类产品的差别定价

我们应该对同类型的产品进行分级，根据不同的等级来设定不同的价格，实行"一分钱一分货"的原则，这样可以让消费者感受到真正的价值，从而更容易接受，有助于增加农产品的销售量。在对农产品进行分级的过程中，除了要考虑到农产品本身的品质，也就是它们为消费者提供的基础价值之外，还需要关注农产品的包装设计、外观装潢以及其他附加服务，这些都可能为消费者带来额外的益处。从事国际农产品经营的商家应当重视产品的潜在价值，为消费者带来比同类型产品更高的购买回报，这样他们就能从更高的价格中获得额外的经济利益。

2. 进行国际市场细分，实行区域差别定价

农产品国际营销者应对全球市场进行细分，根据不同国家和地区的消费者的收入水平、消费偏好、消费心理等因素，实行区域差别定价。

（四）渠道特色

渠道的独特性意味着选择与其经营状况相匹配的销售路径。为了弥补农产品经营者在国际营销方面的经验不足，并迅速进入国际市场，农产品经营者应当选择具有丰富国际营销背景的经销商进行联合销售，或者选择委托国际中间商进行代理分销。我国农产品想要进入国际市场，一个值得考虑的策略是与国际农产品经营公司合作分销，与国际市场建立外部联系，与国内生产基地建立内部联系，并积极探索与跨国企业建立商业伙伴关系的可能性。

（五）促销特色

促销活动被视为企业在买方市场环境中取得市场份额的关键"金钥匙"。农产品的经营者在使用促销策略时，应避免过于相似或缺少独特性，而应采用多种灵活且具有强烈针对性的方法，确保促销活动成为有力的市场竞争工具。

在我国农产品的全球市场推广活动中，国际公共关系和广告策略的应用

应受到特别关注。在处理国际公共关系时，我们应当充分发挥世界贸易组织规则所带来的优势，努力与主要的农产品进口国达成贸易协议，确保农产品能够长期并稳定地进入国际市场。在进行广告推广时，我们应该强调我国农产品的独特之处，并与推广中国的民族文化和传统习惯相结合，以此激发消费者的购买意愿。鉴于我国的农产品主要由农户经营，缺乏独立的促销和宣传条件，政府需要以官方或半官方的方式来领导，由农产品经销商组成团队，向各国政府官员、工商界和消费者推广中国的产品和营销政策，以提升我国农产品在国际市场上的影响力和竞争力。

四、农产品网络营销

（一）农产品网络营销的概念

随着计算机科技和互联网技术的快速进步和广泛应用，现代社会已经步入了信息化时代，信息网络对农业的发展产生了深远的影响。随着我国信息技术工程的持续发展，网络上的农产品销售逐渐得到了众多农产品生产者和商家的认同。

农产品的网络营销涉及在农产品销售的全过程中引入电子商务系统，借助网络技术、信息技术和计算机技术等手段，对农产品的质量、需求和价格等关键信息进行全面发布和收集。通过互联网这一媒介，并依托农产品生产基地和物流配送系统，我们旨在提升地方农产品的品牌形象，加强与消费者的关系，优化服务质量，拓展网络销售渠道，最终实现农产品销售的扩大和农民收入的提升。

（二）农产品网络营销的优势

1. 有利于及时获取产品的市场信息

农产品的供需信息不平衡增加了我国农产品市场交易的风险。然而，通过互联网构建的网络信息平台能够迅速地向公众发布农产品的产品信息、供需情况、价格和市场动态等信息，这不仅加速了农产品信息的传播速度，还在一定程度上缓解了传统农产品销售模式中的信息不对称问题，从而提高了买卖双方之间信息交流的时效性和互动性。

农业生产者有能力通过互联网实时获取各种农产品的种植、养殖、生产和销售信息，并能与其他行业同仁或专家进行在线交流，分享农产品生产的技术和营销经验，从而有助于制定科学的生产计划，减少盲目生产导致的经济损失。

2. 有利于降低交易成本和费用，提高生产效益

农产品的网络销售方式为农业生产者提供了一个直接与需求方进行交易的场所，通过这种网络与需求方建立直接的联系，可以避免中间商等环节，从而减少了农产品交易过程中的谈判成本；通过使用自动化的在线订货系统，我们能够独立地组织生产和配送活动，这大大减少了对传统实物设备的依赖，同时也降低了店铺的管理成本和销售团队的费用；此外，农户还有机会通过网络购买种子、化肥等生产必需品，从而降低生产采购的成本。

3. 有利于扩大市场规模，打造品牌效应

借助互联网技术，农业生产者有能力独立发布产品信息，这不仅极大地拓展了产品的市场潜力，也增加了产品销售的机会。此外，通过网络销售平台，他们还能将分散的农产品交易信息进行整合，从而实现类似产品生产的规模化运营。网络营销的在线服务模式能够满足各种时空和不同地域的用户需求。只要客户有订单的需求，我们就能在线实时交易，这大大加快了订单的完成速度。此外，在网络环境中，产品信息的快速传播以及网络多媒体在声音、文字和图像方面的优越性，都对农产品的形象推广和品牌建设起到了积极作用，从而提升了品牌的知名度。

（三）农产品网络营销模式

1. 平台提供商模式

第三方平台的供应商有权批准拥有法人资格的农产品经营者开设店铺、进行农产品的交易和提供服务，但他们本身并不直接参与这些交易活动。这与实体经济中的农贸市场相似，产品的销售职责是由加入该平台的农产品销售者单独承担的。这种模式对于那些希望进行农产品电子商务的农产品经营者，在信息服务意识、管理技巧和经营能力等基本要求上都有较高的期望；第三方平台具有很好的扩展能力，经营实体可以随时增加新的店铺、发布新的产品，积极推进农产品电子商务，有助于迅速扩大农产品电子商务的规模；农产品的经营者具有很强的自主权，他们可以根据需要调整商品的价格，并迅速回收交易所需的资金。在这种模式中，产品的物流配送仍然需要依赖专业的物流公司来完成，而平台供应商只负责追踪和更新物流配送的相关信息。此外，这一模式在农产品品质安全方面缺乏有效的监管机制，主要是依赖于农产品经营者的自我约束能力。像天猫和京东这样的著名电子商务公司正是采用了这一策略，从而吸引了大量的农产品合作社和农产品商家入驻。

2. 销售商模式

这种销售模式是由第三方平台的供应商代表农产品进行销售，而农产品公司仅负责产品的供应。在此模式之下，平台的供应商可以利用他们在电子商务方面的丰富经验，为商业实体提供目标明确的宣传、交易和沟通服务。这有助于解决线上商店信息更新缓慢、内容过于简单和缺乏吸引力的问题，并在特定的区域内提供全面的物流配送服务，同时还建立了农产品质量安全的准入机制。

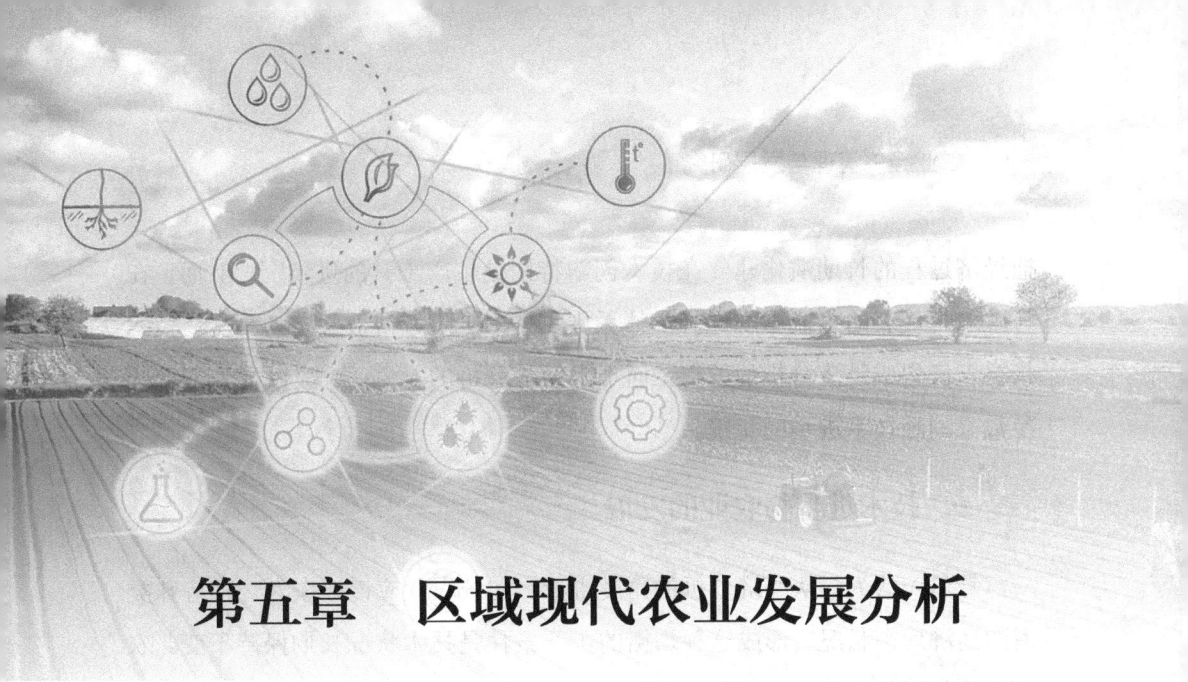

第五章 区域现代农业发展分析

美国著名经济学家、诺贝尔经济学奖得主舒尔茨指出，改造传统农业的根本出路，在于引进技术进步、人力资本等新的生产要素，给沉寂的传统农业注入活水，让它顺畅地流动起来。世界发达国家现代农业发展的实践已经充分证明，技术进步是现代农业发展的不竭动力。现代农业的发展过程，实质上就是利用技术革命和技术革新的成果，不断把高技术、新知识推广应用到农业生产实践中，用现代科技及装备改造传统农业，用现代科技知识培养造就新型农民，促进农业结构调整，提高农业生产率，增加农业效益，加速农业现代化的过程。因此，现代农业的核心是科学化，技术进步是现代农业发展的强大动力。

第一节 区域现代农业发展的动力

技术进步问题，很早就受到经济学家们的关注。英国著名经济学家亚当·斯密认为，分工和专业化是劳动生产率提高的首要途径，也是国民财富增加的主要来源，专业分工的细化是对当时技术进步的一种表述。马克思则把经济过程的长期演化建立在技术创新特别是生产工具的进步上。然而，在马歇尔为代表的主流微观经济学体系中，技术进步通常被假定为不变。技术状况仅仅构成经济分析的前提，而不是经济分析的对象，一般以行为方程的参数来刻画技术进步的状况。

一、技术进步与农业的发展

舒尔茨认为，从经济分析的角度来看，传统农业应该被作为一种特殊类型的经济均衡状况。形成这种均衡的主要条件是技术状况长期保持不变。农民世代使用的祖先传下来的生产要素，并不因为长期的经验积累而有多大改变，农民对所使用的要素的了解和上几代人一样。如果仅限于对传统农业要素进行更多的投资或对传统要素做出重新配置，舒尔茨认为无助于经济增长，充其量也只能有很小的增长机会。要把传统农业改造成为可以对经济增长做出重要贡献的高生产率的现代产业部门，唯有用高生产率的现代要素去替代已耗尽有利性的传统要素。也就是说，引入现代农业生产要素是改造传统农业的根本出路。

舒尔茨指出，现代生产要素的独特之处，就是许多经济学家所反复强调的促进经济增长的关键因素技术变化。特殊新生产要素现在是装在被称为"技术变化"的大盒子里。一种技术总是体现在某些特定的生产要素之中，因此，为了引进一种新技术，就必须采用一套与过去使用的生产要素有所不同的生产要素。

在"诱导技术变迁模型"中，技术进步被视为决定农业发展的基本力量。该模型把技术变革当作农业发展过程的内生变量，而不是作为独立于发展过程起作用的外生要素。对于一个经济制度来说，技术变革的产生过程在传统上被认为是外生的，即被看作是科学技术知识自发进步的产物。诱导创新理论则试图把技术变革过程看作是经济制度的内生变量。根据这一观点，技术变革被认为是对资源禀赋变化和需求增长的一种动态反应。该模型对技术进步在农业发展过程中重要性的肯定表现为以下几点。

第一，把技术变迁作为说明农业生产率增长的最重要变量。成功地获得农业生产率迅速增长的共同基础是，每个国家或发展地区产生生态上适应的、经济上可行的农业技术的能力。

第二，技术变迁可以突破瓶颈资源的约束，发掘农业生产增长的潜力。各类农业资源的供给并不是均衡增长的，某些资源会随着发展过程而成为瓶颈性资源，突破瓶颈的约束需要依靠技术进步。农业科学技术进步是打破由缺乏供给弹性的生产要素对农业生产制约的必要条件。由无弹性的土地供给给农业发展带来的制约可以通过生物技术的进步加以消除，由无弹性的劳动力供给带来的制约则可以通过机械技术的进步解决。

第三，把农业技术水平作为衡量农业发展程度的基本指标。不发达国家农业发展水平的落后是与农业技术的落后和进步缓慢相联系的，而高科学技术投入是发达国家现代农业的一个重要特征。加剧世界农业不均衡的基本原因，是欠发达国家由自然资源型农业向科学型农业转变方面落后。发达国家的农业，在现代经济的增长中，已经由资源型产业转变为科学型产业。

由此可知，如果没有农业技术进步，就不可能打破传统农业资源配置的低效率均衡，就不可能由传统农业向现代农业的过渡；如果没有现代农业技术在农业领域的广泛应用，就不会有农业的现代化。

二、技术进步对现代农业发展的推动作用

技术进步对现代农业发展的推动作用主要表现在以下几个方面。

（一）技术进步是现代农业形成与发展的基本动因

从世界农业发展史来看，20世纪初以来，世界农业发展经历了两次科技革命，由此带来了全世界农业生产力的高速发展，创立了近代农业和现代农业的技术和生产体系。特别是进入20世纪80年代以后，计算机技术、信息技术、新材料技术、生物技术飞速发展及其在农业上的广泛应用，使农业生产的自然特征得到改善，农业生产的基础设施和生产条件得到根本性改造，

甚至可以如同工业生产一样进行农业生产。许多农业新物种、新材料、新品种不断出现，农业信息网络、农业智能化管理、精确农业、设施农业等高新技术体系以及高新农业产业正在建立。可以预见，随着生物技术、信息技术和现代工程技术在分子和信息化层次上重大的科技突破，在未来二三十年里，农业将逐渐完善以生物技术和信息技术为先导的农业技术和生产体系，使现代农业成为现代技术高度密集的产业。

（二）技术进步改善生产要素的质量和效率，为现代农业发展提供基础条件

如通过传播科技知识和普及教育，提高劳动者的素质，为现代农业提供高素质的人力资源支撑；通过科学发明和技术创新，改进生产工具，加速农业生产手段现代化；通过管理科学的发展，改善组织的功能和效率，促进农业生产管理现代化等。

（三）技术进步提高资源利用效率，为现代农业发展突破瓶颈制约

我国人口众多、人均占有资源稀少，使得资源和环境问题尤为严重。要建设现代农业，资源是个硬约束，而技术进步可以帮助我们解决这一问题。通过技术进步，可克服传统农业对资源消耗过大和造成环境污染的弱点，减少资源和能源的消耗，节约稀缺资源和提供可替代资源，降低农业对物质资源的依赖和对生态环境的污染，从而加速农业现代化进程。

（四）技术进步推动农业产业结构升级，为现代农业发展提供内在动力

技术进步是产业结构升级的内在动力，而产业结构的优化和升级在农业现代化进程中举足轻重，只有合理的产业结构才能保证现代农业的健康发展。通过技术进步，用高新技术、先进实用技术改造传统农业，实现产业结构优化升级，从而推进现代农业的发展。

（五）技术进步提高农业市场竞争力，为现代农业发展提供根本保证

通过技术进步，可以降低农业生产成本，增加农产品附加值，扩大农产品市场规模，从而提高农业比较效益，提高农业竞争力，为现代农业发展提供根本保证。

第二节　区域现代农业发展的模式

中国人多地少的基本国情，决定了中国现代农业的发展方向应是以相对丰裕的劳动力要素替代相对稀缺的土地要素，走"节地型集约农业"的发展道路。但与发达国家不同的是，中国"节地型集约农业"，强调在依靠技术进步提高土地生产率的同时，更重要的是正确处理好资源开发、利用与保护的关系，处理好传统技术与现代技术的关系，协调经济发展、环境保护和食物安全之间的关系，从而在最大限度地满足人们对农产品日益增长需要的同时，提高生态系统的稳定性和持续性，增强农业发展后劲。

一、现代农业发展模式理论

（一）农业现代化理论

在农业发展过程中，农业现代化理论是现代农业发展的基本理论。发展中国家经济成长出路在于把传统农业改造为现代农业——一个高生产率的部门，即实现农业现代化。在改造过程中，重要的是制度保证，运用以经济刺激为基础的市场方式，通过农产品和生产要素的价格变动来刺激农民；强调适度规模，反对建立大规模农场，指出要使农民乐意接受新的生产要素，就必须使这些要素有利可图，这一方面取决于新生产要素的价格和产量，另一方面取决于政策因素。

"农业现代化"是现代农业发展中的一个具有统领性的概念，而可持续农业则是对"农业现代化"所存在问题的原则性纠错。可持续农业的提出即是在对现代农业进行反思的基础上产生的，它是对现代农业发展和推行过程中出现的种种问题的纠错，它是对现代农业只追求眼前利益增长的回应，它的发展目标是当代及未来人类社会的发展。

（二）农业多样化理论

农业多样性不仅仅是农业的内在属性，它还可以被看作是农业最主要的财富，因为它在面对不确定的未来时可以提供一系列不同回应。在如今纷繁复杂的国际和国内背景下，要避免对外来农业发展模式的口号化、普适化、苛求化的路径选择，必然要结合我国目前的经济社会与政治现实，在保障"农者有其田"的情况下，允许并鼓励农业多元化发展。

（三）成本—效益理论

成本—效益理论是指只有在收益大于成本时才会从事某项活动。成本效益理论是通过比较项目的全部成本和效益评估项目价值的一种方法，常用于寻求在投资决策上如何以最小成本获得最大收益。其付诸实施体现在成本效益分析法上，其基本原理是：针对某项支出目标，提出若干实现该目标的方案，运用一定的技术方法，计算出每种方案的成本和收益，依据一定的原则，通过比较选择出最优决策方案。在针对某一大型项目的无形收益进行分析时，可采用软性收益法对某一项目或决策的所有成本和收益一一列出，并进行量化。

要把传统农业转变为经济增长的生产性源泉，其关键问题是投资，以便使贫困国家的农民能够获得现代高收益投入品，有三种能够促进农业生产率提高的投资渠道：一是向农业实验站创造新技术、新知识投资；二是向工业部门开发、生产和销售新技术投资；三是向促进农民有效使用现代农业要素投资。

（四）区域优势导向演进理论

农业区域是农业地域分工的结果，而地域分工的主要目的是发挥区域特有的农业生产优势。农业区域优势又随着社会经济、市场条件的变化而不断变化。优势导向演变的顺序依次为自然资源优势导向、区位优势导向、规模优势导向和产业一体化优势导向四个阶段。

1. 自然资源优势导向阶段

在本阶段，自然经济是农业的主要特征，对农业的最主要影响因素是自然条件，很少有人为因素对农业的干预，农业生产力落后，停留在最原始的水平，主要依赖自然资源的投入，所谓优势与劣势完全依赖自然资源，自然资源是发展农业的主导因素。此阶段可形成与优势自然资源相适应的该农业区的优势产业。

2. 区位优势导向阶段

区位优势导向是农业生产商品化的产物，随着工业水平的提高、城市化的推进，农业生产服务于城市人民生活和为轻工业提供原材料，建立起城乡交换关系。城郊农业的兴起就是区位优势导向的首要表现，同时还有农业区域的专业化分工，如棉区、油区、糖区、商品林区、经济林区等。

3. 农业区域规模化优势导向阶段

它是农业现代化的产物，随着农业机械化装备水平的不断提高，劳动力价格不断上升，交通运输条件改善和快速通达能力的提高，运输成本下降使其在成本中的份额降低，通过扩大生产规模降低生产成本，可以获得更大的市场和利润，形成农业产业化的规模优势导向。它有利于提高技术、降低成本、提高产品竞争能力和市场开拓与覆盖能力。

4. 农业区域产业一体化优势导向阶段

经济部门存在着投入—产出关系链，在一个经济地域系统中，向某部门或产业投资，都会通过投入—产出链，使其他相关产业成倍增长，从而产生区域乘数效益。在区域乘数效益机制作用下，向区域专业化部门的投资，将会使其规模不断扩大，专业化水平提高，生产成本大幅度降低，产品的市场规模随之拓宽，同时带动配套协作部门和基础部门产业规模扩大、实力增强。

二、现代农业的发展模式分类

在现代农业的发展过程中，国内外出现了各种各样的现代农业模式和形形色色的称谓，如有机农业、精准农业、都市农业、蓝色农业、白色农业、设施农业、立体农业、生态农业等。

分类，就是按照种类、等级或性质对事物进行分别归类。现代农业发展模式缺乏系统性，就是因为研究者在使用称谓时没有依据统一的标准。对现代农业的发展模式进行分类，可以根据其经营主体及运作方式、筹资、主导技术应用、管理技术、服务目标，甚至色彩特征等进行区分。以上是根据不同分类标准，将现代农业发展模式划分为相互统一的分类体系，其中每一种模式，与其他模式都是相对而言的，各自具有相应的特征，不同分类标准的模式之间可能有部分交叉特征，如城郊农业与观光农业、体验农业等。区域或国家的现代农业发展模式是上述单类型现代农业模式的综合形式。

一般认为，现代农业的基本特征包括农业技术的先导性、要素的集约性、功能的多元性、产业经营的一体性、效益的综合性和发展的可持续性等，各种现代农业的发展模式均不同程度地体现着这些特征。从宏观目标上看，世界上大多数发达国家现代农业发展的模式可分为三类：① 以提高劳动生产率为主要目标，如美国、加拿大等；② 以提高土地生产率为主要目标，如日本、荷兰；③ 以提高劳动生产率和土地生产率并重为主要目标，如法国、德国。

我国及各区域的现代农业综合发展模式，也逐渐体现出突出产业融合基础上的农业产业体系建设、不同领域科技集成的融合运用和以金融、保险及物流配送为主的现代服务等特征。从本质上讲，现代农业是注重单产提高、品质提升、节本增效、生态安全无害可持续的农业模式。在单产提高方面，主要通过选育选用高产品种、适用匹配度高的管理技术促进单位面积产量的提高；在节本增效方面，通过科技应用达到节水、节肥、节药、节料、节能、节人工，提高产品品质，或充分发挥特色产品优势提升效益；在生态安全无害方面，注重无污染环境营造，生产无危害产品，形成生态可持续发展格局，实现经济、社会、生态综合效益最佳。

第三节　区域现代农业发展的载体

基础设施为整个社会生产、消费提供"共同生产条件"和"共同流通条件"，是经济和社会发展的物质基础和载体。为了维持农业增长，有必要从资源开发转变到：① 资源保持型或增进型技术（如作物轮作或施肥）的开发；② 用化肥这样的现代工业投入品代替自然土壤肥力；③ 开发对化肥反应性好的现代作物品种。为了获得这些增长的新源泉，一个社会必须对土地和水利基础设施进行投资。农业技术的扩散和土地基础设施的投资是相互加强的。环境条件的改变（如通过灌溉更好地控制水）常常是有效使用新技术（如现代半矮脚水稻品种）的前提条件。大量的理论研究和实践经验表明，发展基础设施将使新技术更具生产性。以农田水利、农村交通运输、仓储设施等为代表的农业基础设施，不仅能够有效地降低包括生产成本、运输成本等在内的农产品总成本，而且能够有效地提高农业生产效率，增加农产品市场交换能力，保障农产品供应和销售的稳定性，增强农业抵抗自然风险和经济风险的能力。可以说，农业基础设施是建设现代农业的重要载体，也是衡量农业现代化水平高低的重要依据。因此，发展现代农业，必须从我国各地实际出发，加强农业基础设施建设，提高农业产出的物质技术保障水平，提高资源产出效率、农业劳动效率和抗灾减灾能力，实现农业高产稳产，进而全面提高农业现代化水平。

一、农业基础设施相关概念

（一）基础设施

一般认为，基础设施是为经济、社会发展和人民生活提供一般条件和基本服务的部门和行业，是经济和社会发展的物质基础和载体，是为经济社会发展和人民生活提供基本服务的系统。按照世界银行发展报告的定义，基础设施分为两大类：一类是经济性基础设施或者称为生产性基础设施。经济基础设施是指永久性工程构筑、设备、设施和它们所提供的为居民所用和用于经济生产的服务。这些基础设施包括公用事业和公共设施（电力、电信、供水、管道煤气、环境卫生设施和排污系统、固体废弃物的收集和处理系统），公共工程（大坝、灌渠和道路）以及其他交通部门（铁路、城市交通、海港、水运和机场）；另一类是社会性基础设施。社会性基础设施一般指商业服务业、教育、科研、文化、体育、卫生等设施。经济性基础设施又称为狭义的基础设施。而包括经济性基础设施和社会性基础设施二者在内的基础设施称为广义的基础设施。

（二）农业基础设施

农业基础设施是指为农业生产过程提供基础性服务、从事农业生产全过程中所必需的、对农业生产发展有重大作用的物质条件和社会条件，是在农业生产完成的各个环节所使用的劳动材料、劳动对象等生产力要素的总和。按其内容可分为物质基础设施和社会基础设施两大类型。

农业物质基础设施主要是指直接作用于农业生产，与生产过程紧密相连的设施。包括供应生产资料的产前环节，生产农业初级产品的产中环节以及产后环节的基础设施。农业物质基础设施可分为四种类型：一是生产资料性的基础设施。如农用土地、畜禽舍、鱼池等，它是进行农业生产的基础；二是生产条件性的基础设施。如农田水利系统、水土保持、田间道路等，它是农业稳产高产的物质保证；三是生产工具性的基础设施，如大型农田耕作机械、畜牧机械等，它是提高农业劳动生产率的前提；四是加速农产品流通的农业产后环节的基础设施。如仓储运输设施、农产品加工销售设施等，它是农业生产获得高效益的重要环节。

农业社会基础设施主要表现为间接作用于农业生产的设施，包括农业综合教育方面的基础设施、农业科研方面的基础设施、农业推广方面的基础设施、农业政策及法规方面的基础设施、农业信息方面的基础设施等，它们是农业稳定发展的基础。

二、农业基础设施在现代农业中的作用

农业基础设施在现代农业发展中的作用具有多重性，一方面直接参与生产过程，转化为农业产出；另一方面又通过其他生产条件和农业投入作用于农业生产过程。从总体来说，生产资料性、生产条件性和生产工具性基础设施，主要是从产前和产中两个方面作用于农业生产过程，而农业产后环节的基础设施和农业社会基础设施则具有产前、产中和产后三个方面的作用，参与不同的生产过程，促使生产的顺利进行，并提高土地的生产率。

（一）加强农业基础设施建设是推动现代农业发展的基本前提和首要条件

从农业基础设施的内涵可知，农业基础设施是最基本的农业生产条件和前提，没有它，农业生产就很难进行，农业生产力就不可能有较大幅度的提高，农业现代化就不可能实现。日本现代农业的发展过程就是从土地改良（尤其是平整土地和调整田块）以及农田水利基本建设开始的。美国、英国、澳大利亚等国家在发展现代农业的过程中，也十分强调农业基础设施建设及其作用的发挥。我国一些比较发达地区的现代农业发展，也与其农业基础设施的完善有着密切关系。因此，农业基础设施是农业生产的基本物质投入和首要条件，它实质上是不断改善农业生产条件的经济活动，也是农业扩大再生

产的重要形式。加强农业基础设施建设，完善农业基础设施体系，不仅是推动农业发展的必要前提，也是现代农业发展的首要条件。

（二）加强农业基础设施建设是加速现代农业持续、快速发展的坚实基础和有力保障

加强农业基础设施建设，有利于提高农业资源的利用效率，增强土地产出能力，提高农业比较效益，促进农民增收；有利于改善农村生态环境，实现人与自然的和谐相处；有利于加快农村基础设施建设步伐，改善农村交通、通信等基础设施条件，构筑农村与城市相配套的基础设施平台，使工农之间、城乡之间实现设施资源共享、经济互动。因此，通过加强农业基础设施建设，尤其是那些生产资料性、生产条件性、生产工具性基础设施的建设，一方面使农业生产要素得到了增加（显然，这些生产要素的增加是农业现代化水平提高的标志），另一方面，又改善着其他生产要素和生产条件，从而推进农村经济、社会、生态全面、协调、可持续发展。因此，加强农业基础设施建设，实际上等于增强农业发展后劲，为现代农业持续发展提供了坚实基础和有力保障。

（三）加强农业基础设施建设是提高农业综合生产能力的必然选择和重要保证

实践证明，要发展现代农业，大幅提高农业综合生产能力，必须依赖于农业基础设施建设提供的水利化、农机化、交通现代化的良好条件；依赖于农业基础设施建设建立的良好的防洪体系、灌溉体系和排涝体系；依赖于农业综合开发对中低产田、中低产园和中低产塘进行的改造；依赖于加强农业基础设施建设创造的劳动力转移就业机会。因此，加强农业基础设施建设是发展现代农业、提高农业综合生产能力的必然选择和重要保证。要提高农业综合生产能力，实现农业现代化，就必须切实加强农田水利等农业基础设施建设，改善农业资源利用状况和农业生产环境条件。

第四节　区域现代农业发展的创新

一、农村土地制度改革的基本思路

因为农村土地所有权的主体定义不明确，所以在集体所有制的结构中，经常有多个上级机构以所有者身份侵犯农户的土地使用权和收益权；农户土地产权权能的不完整不仅是由于土地所有权主体不明确，也是农民对农业生产缺乏积极性和对土地持有消极态度的直接触发因素；由于土地产权的期限不足，这刺激了农户的短期行为，同时制约了对土地的长期投资行为；在土地集体所有制中，按照人口平均分配土地的原则，导致了农业的小规模经营以及对农业技术进步的限制；诸如此类的情况明确指出，目前的土地制度已经成为制约我国农业进步的关键因素。为了让中国农业摆脱当前的困局并早日走向现代化，我们必须对现有的土地制度进行改革。

（一）农村土地产权制度创新的路径依赖

考虑到我国独特的历史背景和实际国情，对我国农村土地产权制度进行改革时，不可避免地会遇到土地制度变化的路径依赖问题。第一，我国作为一个社会主义国家，公平、共有和共享的核心理念对我国的土地政策制定者产生了深远的影响；第二，农村土地产权制度作为社会主义市场经济体制中的核心部分，其建立和进一步地发展都会受到整体社会经济制度基本框架的限制，因此选择的制度模式不应与现有的基本制度体系产生矛盾。在农村土地产权制度的创新中，社会主义公有制应被视为必须遵守的核心准则；第三，我国农民的生产活动具有分散性、群体宗族性和文化思想的封闭性等特点，导致他们的行为目标多样化、生产行为短视、缺乏创新精神，以及决策过程缺乏规范性。因此，在进行农村土地产权制度的改革时，我们必须深入考虑农民的文化传统以及他们的社会心理承受能力。同时，我们还需要全面评估农民的经济行为特性和他们对制度创新的接受度；第四，农村土地产权制度的建立和进一步的发展与土地的关系特性有着密切的联系。土地资源的稀缺性、人口众多而土地有限以及人与土地之间的紧张关系是我国人地关系的明显特点。由于农村的社会保障制度与我国农民的整体经济状况不匹配，农村土地在短期内对农民的社会保障作用是不可替代的。因此，考虑到我国的基本国情和农村的实际情况，我国农村土地产权制度的创新应该采取一种结合强制性和诱致性的渐进式、差异化的发展路径。强制性制度变迁是由政府凭借其强制力组织实施的制度变迁，主要通过政府命令或法律的颁布来实现；诱致性制度变迁是由个体或群体在寻求自我利益时自我倡导、组织和实施的制度变迁，它具有营利性、自发性和渐进性的特点，其主体是个体或特定的组织。农村土地产权制度的创新需要吸纳这两个方面的优势，因为它们各自都有其长处和短处。另外，由于我国地域广阔，不同地区的实际情况存在很大的差异，因此农村土地产权制度的创新需要根据各地的实际情况来制定，分类推进，采取灵活多样、切实有效的差异化发展路径。

（二）农村土地产权制度创新原则

1. 产权制度变迁技术层面和制度层面分开的原则

关于土地产权制度的演变，存在两个不同的维度：其一是在形式或者技术方面。在这一阶段的变革中，我们应当大胆地吸取国外的成功经验，例如股份制和股份合作制的相关技术与操作流程；其二是关于利益与基础制度的层次。例如关于土地的所有权和使用权的制度。这是一个涉及多方利益的复杂博弈，由于各国在产权基础、法律体系和文化传统上存在差异，因此在这一方面的制度变革不能简单地复制外国的经验。在我国农村土地产权制度创新中，将技术和制度两个层面进行区分是一个必须遵循的基本原则。

2. 从起点模式到目标模式渐进式实现的原则

每一个制度都经历了一个生成、进化、完善，并持续被替代的阶段。制度创新可以被视为制度的一种替代和转变，它代表了一种更高效的制度对另一种制度的替代。换句话说，这是一个更加高效的制度形成过程。这一替代的进程并不是短时间内就能完成的，尤其是考虑到中国土地产权制度对九亿中国农民的直接利益的影响，因此在制度的设计和执行阶段，必须持有谨慎的态度和方法。只有通过逐步的理解、逐步地接纳和逐步的行动，才能最终建立明确的制度，并完成制度的创新性发展。

3. 各权能主体权利和义务对等的原则

各种不同的产权权能都与其相应的权利和责任相对应。在确保和维护相关产权主体的权利的基础上，所有产权主体也应当履行相应的责任和义务，这将有助于确保农村土地产权制度能够正常运作。实际上，在我国农村，土地产权的各个主体在权利和义务方面存在明显的不对称性。因此，作为农村土地所有权的主体，农村集体需要被赋予更为明确的权利来使用和处置其所属集体内的土地，同时也需要承担与其权利相匹配的、对农民生产服务的责任和义务。此外，土地经营者应当被授予更多的权利。当农户根据法律和合同条款从土地所有者那里获得了一段时间的土地承包经营权后，他们将与土地所有者一样，享有使用和处置土地的权利。作为农村土地的主要管理者，国家根据法律拥有农村土地的管理权和最终处置权。这意味着国家有权对农村土地进行规划、管理、开发和最后的处置，但同时也必须确保农村集体土地的所有者和承包者的合法权益不被侵犯。

二、土地股份合作制与现代农业的发展

创新之所以强大，是因为其所带来的收益超过了其成本。从制度变革带来的收益和成本的角度来看，我国农村土地产权制度向效率方向发展的最经济途径是在进一步完善土地承包制度的基础上，积极推动农村土地产权制度

的创新。对农村土地股份合作制的探索和发展，不仅是对农村土地流转模式的一种制度性创新，也有助于土地资源的更优配置和农业产业化的持续发展。此外，这也有助于确保农民能够获得长期且稳定的经济收益，同时也促进了农民向非农领域的转型和农村向城市化的快速发展。

（一）土地股份合作制有利于推动农业科技进步

现代农业是一种高度依赖科技的农业形式，只有通过科技手段，农业才能达到高产、优质和高效的目标，同时也能增强农业在市场上的竞争力。我国现行的土地集体所有权家庭承包经营制度，在过去的改革过程中已经取得了显著的进展。然而，到目前为止，这种传统的"每家每户"的土地管理方式和碎片化的土地划分，已经成为农业社会化大规模生产发展的障碍。在这种分散的经营模式中，农民获取市场需求的信息和采用新技术的成本及风险远高于规模化的集中经营。因此，很多农民不太愿意轻易地培育新的品种或尝试应用新的技术。因此，多年来，为了避免潜在的风险，农民只能选择生产那些品种过时、技术相对简单的农产品。这种情况下，不仅很难获得满意的价格，也不能实现农业生产的规模化和产业化，更不利于农业科技的进步。通过实施土地股份合作制，一方面可以通过扩大经营规模，降低生产、交易和获取市场信息的成本，从而使单位产出的边际成本相对降低，为经营者带来更多的经济收益；从另一个角度看，随着生产规模的扩大，更容易雇佣技术专家、采纳新的技术手段和生产新的农产品品种，这进一步增强了农产品的科技成分和在市场上的竞争力。

（二）土地股份合作制有利于农业富余劳动力转移

农地资源的不足和农业劳动力的过剩，构成了中国农业和农村经济发展所面临的极为严重的挑战。在实施土地家庭承包经营制度之后，农民的生产热情得到了极大的激发，农村的劳动生产力也得到了解放，这使得大量的农业富余劳动力有机会部分或全部离开农田，去寻找其他的就业机会。当农民对比农地经营与非农经营的收益时，为了追求更高的经济回报，他们通常会基于自己的基础技能、健康状态、家庭的生产和生活状况，以及家庭成员的构成等多种因素来决定他们的职业选择。起初，农民普遍选择了"离土不离乡"和"进厂不进城"的双重职业模式，也就是在当地进行转移。随着时间的推移，这种模式逐渐演变为大规模的跨区域流动就业，也就是所谓的异地转移方式。然而，由于土地承包经营权具有一定的刚性，一些农户由于多年在城市工作，非农产业的收入已经成为他们的主要收入来源。然而，由于他们坚持"守土为安"的原则、土地均分的观念、土地过度的社会保障功能以及农地流转机制的缺陷等因素，如观念性、效率性、功能性和市场性的限制，他们不愿意轻易放弃土地经营权。这不仅限制了农地的规模化经营，也不可避免地阻碍了农业富余劳动力从农业内部完全转移出去。在实施土地股份合作制的过程中，我们在集体土地所有权、农户承包权和农地经营权三权分离的农地产权制度框架内，构建了以农地经营权流转为核心的市场运行机制。这意味着，通过市场机制来配置农地资源，能够有效地解决农地和劳动力这两大生产要素之间存在的矛盾和问题。从不同地区的经验来看，土地股份合作制构成了农业富余劳动力向非农产业转移以及农地规模化经营的基础和先决条件。

（三）土地股份合作制有利于农业经营模式创新

从土地股份制的组织结构来看，股东代表大会的集体决策制度已经替代了之前的村干部决策方式；从管理策略的角度来看，采用企业章程、流转合同和股东监督等手段来规范经营者和股民的行为模式，已经取代了之前村干部通过行政机构授权土地来约束农民行为的做法；从土地利益分配的角度来看，采用基于土地承包经营权的土地经营分配方式，已经替代了之前的绝对平均主义分配模式，更为有效地平衡了农民土地权益与集体经济收益的二次分配问题。

（四）土地股份合作制有利于为现代农业建设培育精英和栋梁

多年实践经验表明，外出务工是提升农民综合素质的一个理想途径。首先，在思维方式上，农民通过观察外部的精彩世界，不知不觉中，在经济、文化、政治、婚恋观念以及文明水平等多个方面，都经历了深刻的转变；其次，在技术层面上，当农民外出务工时，他们通常能够掌握一项或数项实际应用的技术。经历了种种困境后，许多学有所成的打工者选择返回家乡，这为那五光十色的"企业星座"带来了光明，使得"打工潮"逐渐演变为"创业潮"；最后，在管理层面，农民外出务工不仅能学习到实用的技术，还能掌握科学的管理手段，其中一些甚至是相对先进的现代管理方法。因此，实施土地股份合作制将有助于提升农民的整体素质，特别是年轻和中年的农民，他们将不再受到土地的限制，可以轻装上阵，外出务工。大量农民工在经历了外界多姿多彩的世界后，他们的素质有了显著的提升。他们不再仅仅是传统意义上的农民，而是被塑造成了具有现代化特质的新型农民，成为中国现代农业建设的领军人物和支柱。

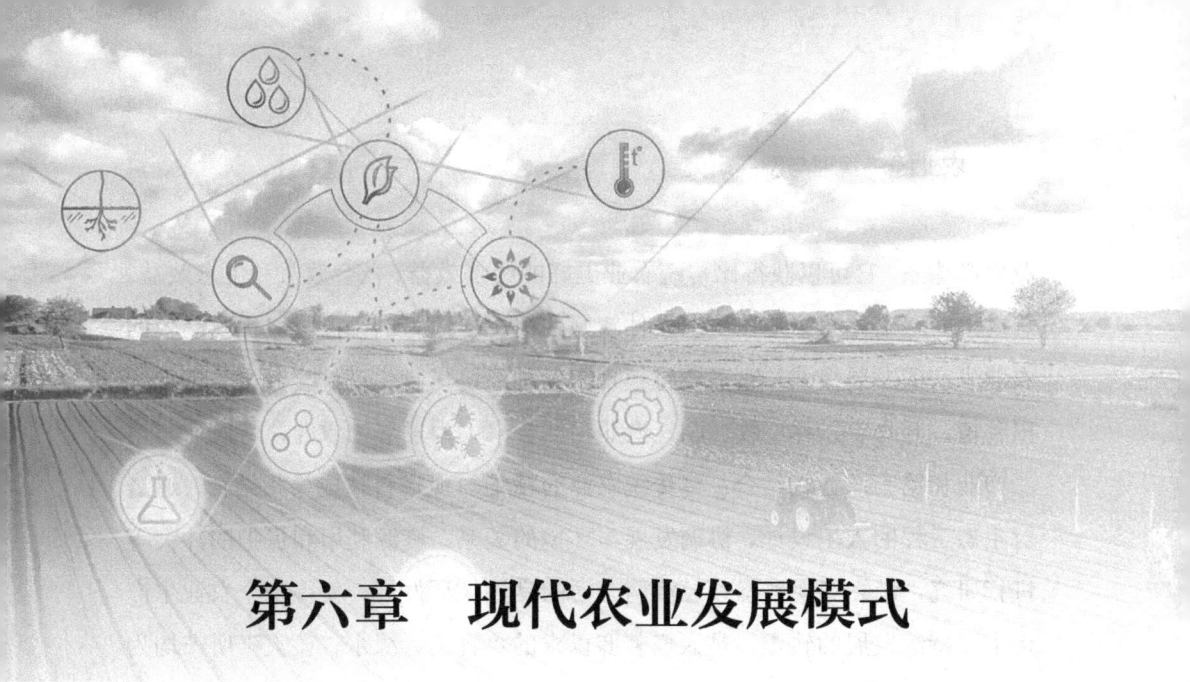

第六章　现代农业发展模式

第一节　生态循环农业

循环农业是指为实现节约能源和提高收益的目标，在农业系统中通过对农业资源进行往复多层、高效率流动的利用，最终实现农业可持续发展的一种农业发展模式。通俗来说，循环农业是指通过一定的技术，将废弃物循环再生，实现物质的多层次利用，最终提高物质利用效率的一种农业生产方式。循环农业对保护环境有利，能够产生良好的社会经济效益和生态效益。循环农业的发展需要不断的资金投入，研发新技术使之成为充满活力的系统工程，从而更好地实现资源循环利用，实现农业的可持续发展。

一、生态循环农业的内涵

（一）生态循环农业的概念

生态循环农业，简称"生态农业"，是依据生态学和经济学的一些理论，利用新科技和先进的管理手段，结合传统农业积累的经验而建立的现代化农业生产体系，它可以获得比传统农业更好的经济效益、社会效益和生态效益。总之，生态循环农业是在生态条件较好的情况下进行的高产量、优质高效的农业生产或发展模式，它需要将粮食和各种经济作物生产结合起来，进行大田种植，并与农、林、牧、副、渔业相结合；大力发展大农业，将农业与第二产业和第三产业相结合；将传统农业的精华与现代科技成果相结合，通过对生态工程的人工设计、协调发展与环境的关系、资源利用和保护的冲突等进行研究，最终实现生态和经济两方面的良性循环发展，使得整个农业生产走上可持续发展的轨道，是人们梦寐以求的"青山、绿水、蓝天"所产均为"绿色食品"成为现实。

生态农业为破解食品安全问题奠定了基础，与人们的生命健康息息相关，是实现农业现代化的一个重要标准和发展方向，是资源节约利用的必由之路和重要平台，更是实现对农业生态环境进行保护和可持续发展的必然途径。大力发展生态农业，可以改善农村的生活卫生条件和环境，降低农药化肥对环境的污染，较好地维护森林植被，缓解人类活动对大气造成的污染，促进农业的发展，带领农民增加收入，给社会带来高品质的绿色食品。

（二）特点

1. 综合性

生态农业注重农业生态系统整体功能的开发，以大农业为出发点，按照"整体、协调、循环、再生"方针进行综合规划，对农业结构进行调整优化，使农、林、牧、副、渔并重，以促进农村第一产业、第二产业和第三产业的全面发展，并且使各业相互支持、互为补充，增强综合生产能力。

2. 多样性

我国的基本国情是幅员辽阔、各区域的自然条件和资源基础，以及经济和社会发展水平相差悬殊。针对这样的情况，生态农业充分汲取中国传统农业的生产精髓，与新的科学技术相结合，在各种生态模式下，利用生态工程和丰富多样的技术为农业生产提供服务，让每个地区做到因地制宜，发挥自身优势，使各个行业都能根据社会的需求和地方的实际情况协调发展。

3. 高效性

生态农业是通过物质的循环，以及能量的多层次综合利用和深加工，达到经济增值的目的，并变废弃物为资源，降低生产成本，提高农业效益，给广大的农村剩余劳动力提供更多农业内部的就业机会，以此提高农民生产和生活的积极性。

4. 持续性

发展生态农业可以保护和改善生态环境，控制污染，保持生态平衡，增强农产品的安全性，一手抓环境建设，另一手抓经济建设，使得农业农村经济的发展呈现出可持续特征，尽可能为群众提供种类更丰富、品质更高的农产品，同时保持生态系统的稳定性和持续性，使农业发展后劲更足。

（三）生态循环农业的重点

1. 突出"绿色"，调整结构

我国对农业结构进行的战略性调整取得了显著效果，未来应着力优化调整，突出绿色食品开发、生产无公害食品和有机食品等，还应重视保护水土和节约资源。

2. 保护耕地，提升质量

要加大对秸秆综合利用的扶持力度，推广保护性的耕作技术，达到种地和养地相结合的目的，强化耕地质量工程建设，大力发展生态农业，推广生物防治。有关企业应加强新技术的研究，制造出低残留农药及可降解塑料薄膜。同时，应提倡喷灌和滴灌，大力发展节水农业。

3. 项目带动，企业参与

农村在大力发展农产品加工业等产业时，应该提前做好防污、保护环境的安排，做到污染物的达标排放。

4. 发展沼气，有效转化

近几年，各地都把户用沼气工程作为主攻方向，与农村改圈、改厕、改厨相结合，积极推广"猪—沼—菜（粮—果—渔）"良性循环生态模式，实现生产生活废弃物的再利用，减少污染排放，改善环境质量，促进了生态农业的发展。同时，通过开展秸秆、畜禽粪便等废弃物再利用的推广工作和推广测土配方施肥等生态循环生产方式，也改善了农产品质量，实现了资源节约以及循环农业和技术、经济、环保之间的相互扶持，实现了良性循环。

5. 优化布局，整体规划

发展循环农业，必须先制定一个发展规划，要做好充分的调查，并在此基础上进行取舍。要在省、市、县（市、区）、乡、村分别有重点地制订循环农业发展计划，做到有计划、有步骤地扎实开展工作。尤其应强调，针对不同地区、不同水平的农业生产现状，结合实际需要，建立合适的循环模式，并且根据不同模式的具体优点实施布局配置和结构调整。要延伸产业链以保证循环农业模式下各种流通量和界面之间的相互匹配和协调运作，推动循环农业健康、安全、有序地生产。

6. 正确引导，有序推动

循环农业的建设关系到经济的可持续发展，所以应该有政策的指引。因为循环农业发展涉及种植、养殖和加工等多个行业，所以建立多部门联动机制势在必行，要加强多元扶持，增加政府投资，确保它的可持续发展。

二、生态循环农业的典型模式

（一）北方"四位一体"生态农业模式

这是一种集庭院经济和生态农业为一体的新型生产模式。该模式立足于土地资源，利用太阳能驱动，以沼气作纽带，种植业与养殖业结合，通过生物质能转换技术，以农户为单位，在全封闭状态下将沼气池、猪禽舍、厕所与日光温室结合，故称之为"四位一体"模式。具体做法是：先建立1个塑膜日光温室，面积为150平方米，在其旁边地下挖一个8～10立方米的沼气池，沼气池上方可建猪舍1间（面积大概是20平方米）、厕所1间，构成一个封闭状态的能源生态系统。

（二）南方"猪—沼—果"生态农业模式

这是一种用沼气作纽带，连接畜牧业、林果业等农业产业协同发展的生态农业模式。主要表现形式：每家每户建沼气池1口，平均每人每年养猪2头，人均种667平方米水果。

1. 猪—沼—菜模式

每户建一口面积为6～8平方米的沼气池，养猪2头以上，另外有1亩（667平方米）左右的土地用来露天种菜。产生的猪粪扔进沼气池，产生的沼肥做菜地的底肥，沼液可在追肥时使用，并可用沼液喷淋叶面的方法抑制病虫害。除此之外，还可以采用"猪—沼—大棚蔬菜"的方式：一个0.8亩的塑料大棚，可配建一个8立方米的沼气池，沼气池上方建猪圈，可养猪3～5头。产生的沼气可以做饭，也可以给大棚内提供照明和加热；沼渣直接埋入土中做底肥，沼液通过管道作为追肥使用。在种植过程中，基本上用不到化肥和农药，不仅产量能够得到提高，且出产的农作物品质更高。猪舍和沼气池是建在日光温室内的，良好的环境有利于猪的生长发育，并节约饲料，提高了养猪的经济效益。

2. 猪—沼—果（鱼）模式

每家每户建1口沼气池，每年养猪3～5头，种植果树667～1 334平方米，沼渣和沼液可作为给果树追肥的速效有机肥，这种追肥方式可使果品提高 1～2 个等级，增加 15% 以上的产量，同时使种植成本降低 40%。还可以采取"猪—沼—鱼"的模式，这种模式多由养鱼户开发，将人畜粪便放入池内发酵，饲喂鱼类，沼渣作为池塘基肥，沼液作为追肥，这样可使饵料成本下降，降低鱼塘化肥的施用量，防治鱼类疾病。

（三）西北"五配套"生态农业模式

西北地区干旱缺水，为了解决这个问题，促进农业生产，提高农民收入，可实行"五配套"的解决方案。"五配套"指的是，每家每户建一个沼气池、果园、暖圈、蓄水窖和一个看营房；推行人厕、沼气、猪圈三配套，圈下建有沼气池，池上的养殖除了养猪以外，圈的上一层也可放笼养鸡，形成鸡粪喂猪、猪粪池产气的立体养殖方式，经营系统多样。其特征是用沼气作纽带，在一定的土地上，形成了以农业带动牧业，以牧促沼、以沼促果的良性循环，最终实现果业和牧业的共同发展。

（四）"生物链"模式

这种模式的具体做法为，建成 8～10 平方米的沼气池 1 口，可养鸡 100只，养猪 3～5 头，养殖鱼类 2 000 立方米水面，种植农田 3 333 平方米。利用沼气将养殖和种植结合起来，使三者形成一个封闭的生物链循环系统。具体形式如下：用农作物作为饲料养鸡或喂猪，将粪便送入沼气池。沼气池产生的沼液和沼渣可以作为饲料喂鱼，也可以与鱼塘中的塘泥一起作为肥料使用。该模式以多业并举、优势互补为突出特点。

（五）"种—养—加"模式

这种模式更加适合从事做豆腐、磨粉等传统农产品加工的农户。将加工残留的豆渣、粉渣等用来喂猪，猪粪送入沼气池中，沼肥在无公害水稻和蔬菜的种植中使用，也可用沼气烧饭或将沼气作为加工和照明的能源。

三、推进生态循环农业建设

（一）加强农业资源保护

必须根据农业环境的特点和自然规律办事，因地制宜，做到农业、林业、牧业、渔业多样化发展和经营。对耕地，尤其是基本农田，要依法从严保护。另外，还要做好森林、湿地和其他农业资源的保护。针对不同类型的农产品，要设立农业保护区，保护名、特、优、新农产品以及稀有、濒危的农业生物物种。另外，还可以通过建立农产品基地、颁发农业环境和质量标志的举措，探索、落实提高耕地质量、建立农业生态环境的动态评价体系。还要开展"清洁土壤"工作，对主要的农产品生产基地阶段性地进行土壤环境质量检测；加大环境保护执法力度，对农业生态环境的违法违规行为进行坚决查处；根据"谁污染、谁治理"的管理原则，找到相关的责任人，履行污染土壤治理职责。同时，要组织一些试点开展污染土壤治理工作，并逐步加大治理力度。要密切关注和控制外来物种的入侵，防止生物灾害和森林火灾，加大野生动植物保护力度，实施渔业增殖放流措施，维护生物多样性。

（二）优化农业产业结构布局

要充分利用本地自然资源，在此基础上挖掘农业功能，依照优化产业结构、产业间融合发展、产出高效的要求，对农业结构进行有效调整，对种植业、养殖业和畜禽粪污回收处理中心、废弃物再利用企业进行合理规划，以实现资源循环利用。可以将农业和畜牧业合理结合，实现生态畜牧业的发展，积极引导养殖业向着生态化的方向发展。

（三）防治农业环境污染

这是指预防和治理工业（含乡镇工业）的废水、废气、废渣、粉尘、城镇垃圾，以及农药、化肥、农膜、植物生长调节剂等农用化学物质对农业环境的污染和危害。这是保障农业环境质量，保护和改善农业环境，促进农业和农村经济发展的重要措施，也是农业现代化建设的一项任务。

（四）大力推广生态循环农业技术

这是一个实现优良品种广泛种植，实行种植与养殖结合、粮食与经济作物结合、农机农艺结合的模式，以及实行农作物的套作、轮作等新型农业种植模式。要探索生态养殖发展模式，如稻田养鱼、浅海贝藻类养殖等；加大无公害农产品的推广种植力度，加强对绿色食品、有机农产品、森林食品等的认证和种植基地的认定，加快农业操作规范制定步伐，对产出的农产品建立产地、质量等一系列追溯工作制度，保护好农产品地理标志；加大节约型农业技术的研发力度，鼓励采用测土配方施肥、肥水一体化灌溉等技术，并实行对病虫害的绿色防治，在农业生产中鼓励采用有机肥和新型农药，以实现绿色生态农业的发展；引导养殖户科学使用兽药，科学添加动物饲料和饲料添加剂，鼓励使用环保饲料，促进养殖业清洁化、健康化发展。

（五）改造提升农业设施

要加快推进高标准农田建设，通过培肥地力、建设先进的农田水利设施等手段，提高农田质量，提升作物产量；鼓励设施农业建设，进一步完善对钢管大棚等设施的补贴机制；积极开展农业机械化，利用财政补贴手段，鼓励农户购置低耗高效的新型农机，淘汰报废高耗能低效率的旧农机，以实现农业机械化水平的提升。

（六）深入推进农业废弃物资源化利用

要鼓励农业废弃物的循环利用，采用"资源—产品—废弃物—再生资源"的资源循环利用模式，对农业废弃物进行再生利用；大力推进设施和服务体系建设，助力农业废弃物的循环利用；加大对农业废弃物和农业副产品价值的挖掘力度，如利用畜禽排泄物生产商品有机肥，利用农业秸秆研发新型的肥料、饲料和燃料，利用农产品的下脚料研发新型的生物饲料、生物原料等，使这些传统的废弃物产生新的使用价值和经济价值；结合"千村示范万村整治工程"，将农村的污水、废弃物等做沼气净化处理，在利用沼气照明、做饭的同时，充分利用沼液、沼渣作为农业肥料；对农业生产中使用的农膜和包装物等进行回收，实现再利用。

（七）加大示范引导力度

在全国范围内建立一批生态循环农业示范项目、示范企业、示范区和示范县，实现点、线、面的全面结合，以这些示范单位为中心，带动周边生态循环农业发展。政府部门要做好统筹规划，鼓励和引导农村种植户、养殖户、合作社等主体和企业，在小单位内率先实现种养结合、废弃物循环利用，实现主体小循环；加快建设现代农业园区，实现资源合理布局，在大范围内做好生态循环农业发展示范，逐步发展到以县域为单位、统筹农业生产布局、建设相应的配套设施、实现县域的生态农业产业大循环。

总而言之，想要做好生态农业建设，首先，要注意吸收传统农业生产中适合生态农业生产的经验，如合理轮作、有机肥做底肥、横坡打垄、修建水平横田等。这些措施是农业生产中长期积累的经验，是农民乐于接受的。其次，要加大对生态农业先进技术的研究和推广，如毒性低的生物农药、可降解的农膜、节水灌溉技术、秸秆还田技术等。只有将传统技术和先进技术结合起来，生态农业建设才能取得更好的效果。

第二节　休闲观光农业

随着我国城市化进程的加快，越来越多的城市市民渴望回归自然、亲近自然，在闲暇之余选择到郊外游玩。在这样的背景下，适应城市人群生活和消费方式的休闲观光农业应运而生。观光农业发展到现在，已经形成了多种经营模式，如传统休闲观光农业、都市型休闲观光农业、科技型休闲观光农业、奇异型休闲观光农业等。

一、休闲观光农业的定义

休闲观光农业，顾名思义，就是指以农业和农村为依托，让人们在轻松、愉快的氛围中体验农村生活的经营业态。一般会利用农村自然的田园景观、生态环境，并进行合理的规划和设计，结合农业生产、农村文化、农家生活，让游客全面体验农村生活，为游客提供全方位的旅游观光体验。它是生产、生活和生态三位一体的产业发展模式，是传统农业与休闲旅游业结合共生的一种发展农村经济的新业态。

休闲观光农业充分利用田园风光、山海资源优势，推进水、土、田、林、路综合治理，改善农业生产条件，扩大农业产业基地规模。在此基础上，延伸开发农业的生产功能、配套服务设施，将其与休闲观光融为一体。聚集农业的新品种、新设施、新技术，发展参观游览、采摘体验、科普教育、成果展示等休闲观光项目，使农业高科技发展与休闲观光农业紧密结合，提升休闲农业品位。

二、休闲观光农业的类型

休闲观光农业首先是一种旅游活动，它将农业生产与休闲观光旅游相结合，具有多种形式和类型，主要有以下类型。

（一）休闲采摘型

这种休闲观光类型在基本的农业项目上，增加了新型的、适合采摘的项目，如葡萄、草莓、杨梅、小番茄、白枇杷、香菇等采摘和种植基地。

（二）农业观光型

观光农业是最基本也是最普遍的一种类型，它以当地自然景观和农业特色为基础，如粮食基地、林带、沿山沿河景观等，开发和建设起来，包括观光农业、观光林业、观光渔业、观光新农村旅游。例如，万亩粮食基地以高标准的路、沟、渠基础设施建设和大规模的作物种植为基础，营造了"绿色过冬""金色田野"等优美的田间风景画面。

（三）古村风情型

这种休闲观光农业类型主要是利用保留下来的古建筑，并挖掘本地区独特的历史文化，通过对传统节庆的宣传，打造旅游新形式，将古村落观光游、亲身参与民俗文化、传统节日庆祝、居住体验生活等方式融为一体。

（四）休闲娱乐型

这种休闲观光农业类型主要是对现有资源进行全局把握，将农业生产、农产品消费和观光休闲紧密结合起来，打造一个系统性的、一体化的、集观光、餐饮、商业、娱乐于一体的多元化旅游农庄。

（五）科技体验型

这是一种集农业生产和农业科技科普于一体的新型体验方式。也就是说，在观光活动中，加入农业科普知识的讲解。这种休闲观光类型的主要形式包括：蔬菜瓜果的新技术示范区、先进的动物养殖基地、有别于传统的花卉种植、盆景设计等。

三、发展休闲观光农业的益处

第一，能够重新开发利用现有农业资源，有利于调整农业产业结构。农业和旅游业结合的"农游合一"模式可提高经济效益。

第二，能够增加农产品的销路和销量，带动周边农业的发展，发展高效农业；能够提供更多的岗位，有利于增加农民收入。

第三，能够改善和保护农村生态环境，塑造农业农村新风貌，利用生态环境优势吸引城市人群，使其获得身心健康发展。

第四，能够吸引游客主动了解农业生产活动，感受农村生活，放松身心；同时，还能普及农业基本知识，促进城市和乡村文化沟通。

第五，能够开拓出全新的空间，通过"农业"这个大环境，为游客带来新鲜体验；同时，能够减轻其他地区假期人满为患的压力，帮助疏解假期的旅游人群。

四、发展休闲观光农业的具体做法

发展观光农业应从以下几方面加以注意。

（一）因地制宜，科学规划

因为每个地区都有不同的自然地理环境，产业发展也各具特色。所以，在制定发展规划的时候，要根据"因地制宜、突出特色、合理布局、和谐发展"原则进行。当对土地进行合理的开发利用时，特别要保护耕地。要做好区域的功能和形态定位，不要盲目跟风，避免刻意追求高档，避免与其他观光景区雷同，更要避免为了经济效益"毁农造景"。在制定规划时，要以"有序发展、相对集中、规模开发"为原则，还要参考土地利用总体规划、新农村建设规划和农业发展规划等，与这些大方向的规划做好衔接，确保休闲观光农业规划具有一定的整体性和前瞻性。与此同时，还要结合本地特色的乡村民居、风俗人情和自然景观等资源，把农业生产、生活与生态结合起来，依靠具有本地特色的农业发展旅游项目，取得良好的经济效益和环境效益，实现人与自然的全面和谐发展。

（二）注重特色，农旅结合

在制定休闲观光农业规划时，还要考虑如何促进农业发展，如何增加农民收入。一个重要原则就是，将农业当作基础，将农民当作主体，突出当地农村特色。在规划项目时，要重点突出吃农家饭、住农家屋、干农家活儿、享农家乐等体验农村生活的场景；要发挥农村养殖、种植和栽培的优势，发展一批高效生态农业，建立示范区域，满足游客求新、求异、求奇的心理需求。休闲观光农业从本质来说，是农业、农村和农民生活的延伸，同时又是一种全新的旅游空间，在突出"三农"特色的同时，也要重视游客的体验感。突出项目的休闲性、参与性和娱乐性，能够吸引游客参与到农家乐之中，满足不同层次消费人群的消费和体验需求。

（三）加强管理，规范发展

服务是休闲观光农业的核心，安全是休闲观光农业的保障。因此，必须做好内部管理的规范化，才能提高服务质量，为游客提供安全的旅游场所。要通过制订行业管理的标准和规范化的服务办法，来保证游客的安全和健康。要做好对从业人员的培训管理工作，因为从业人员以当地村民为主，综合素质和服务水准不高，所以要加强服务意识、食品卫生、安全管理、诚信、生命安全教育等方面的培训。要组建相关的行业协会，如休闲观光农业行业协会、农业合作社等服务组织，通过行业自律实现自我管理、自我约束、自我发展。同时，相应的主管部门要加强监督检查和指导，做好定期的检查工作，及时发现和解决风险，切实解决实际困难，打造一批有特色、有规模、有影响力的休闲观光农业项目。

（四）优化环境，联动协作

休闲观光农业是符合时代发展和人们需求的，同时也是一个极具系统性的项目，要想发展得更好，需要多个部门联动协作，积极配合。

第一，资金方面的保障。政府财政部门可以将其列入年度财务预算，并可以划拨专项资金给一些有发展前景、需要重点扶持的休闲观光农业项目。与此同时，政府部门还应该牵头鼓励一些民间资本参与进来，进行投资开发，形成"政府扶持、业主为主、社会参与"的建设机制。

第二，金融部门要提供金融信贷的支持，适当地放宽对休闲观光农业项目的抵押担保条件，简化贷款办理和审批手续，给予贷款利率上的优惠，放宽还款时限。

第三，农业部门要探索新的土地流转机制，鼓励农民"自愿、依法、有偿"地将土地通过转让、出租和入股等形式出让出去，形成规模化的土地经营模式。

第四，国土部门要积极开发废弃的林地和荒山等，提升土地利用效率，对休闲观光农业管理配套设施用地实行政策上的支持。另外，其他部门也要积极提供支持，为休闲观光农业发展创造条件。

（五）加强领导，强化宣传

农业农村部门要积极落实科学发展观，走出一条创新之路，做好社会主义新农村建设。要想实现农村增收，发展休闲观光农业是非常重要且有效的途径。因此，各级政府部门一定要从思想上重视起来，达成共识，形成联合管理的机制，加大宣传和扶持力度，扩大休闲观光农业的影响力。与此同时，新闻媒体可以选择一些典型先进案例进行报道，提供模式上的参考；发挥舆论的导向作用，在全社会形成一种休闲观光农业发展的氛围和潮流。农业观光园区可以多举办庆祝节日的活动，并通过平台宣传，展示出本地区观光农业的风采风貌，提高影响力。重点进行整体规划宣传，通过打造一些精品，打出品牌，最终实现休闲观光农业的规模化、有序化和持续化发展。

综上所述，休闲观光农业规划是一场持久战，发展休闲观光农业，有利于优化农业产业结构，拓展观光农业市场发展空间，促进农旅互动发展，加快农民增收致富，推动社会主义新农村建设。它总体上是符合我国现代农业发展要求的，发展前景是光明的。

第三节　设施农业

设施农业是指利用先进的技术和手段，通过建设农业基本设施，为植物生长和动物养殖人为提供可调节、可控制、更适合的环境和条件，充分利用现有的光、热、土地资源，帮助植物和动物达到最佳的生长状态，提高产量和经济效益。设施农业还可以提高农业生产的工业化和周年化程度，保证农产品的四季供应，促进农业生产的现代化和规模化。

设施农业又称为"工厂化农业"，主要是为集约化的种植和养殖业提供相应的设备，帮助搭建适合种植和养殖的环境，并进行环境控制，提供与之配套的技术和设施。

一、设施农业的概述

（一）设施农业的概念、重点研究方向与发展趋势

1. 设施农业的概念

设施农业是在不适宜生物生长发育的环境条件下，通过建立结构设施，在充分利用自然环境条件的基础上，人为创造生物生长发育的环境条件，实现高产、高效的现代农业生产方式，包括设施种植和设施养殖。通常所说的设施农业是设施种植，即植物的设施栽培，是指在采用各种材料建成的，对温、光、水、肥、气等环境因素有控制作用的空间里，进行植物栽培的农业生产方法。

设施农业作为农业生态系统的一个子系统，既具有农业生态系统的一般特征，也具有与一般生态系统明显不同的特点：一是人为干预和控制性强，如对种群结构、环境结构、产品形态与流通、采收与上市等都由人来干预和控制。二是物资和资金投入大，设施农业是集约化程度非常高的现代农业生产方式，自然要求有大量物质能量的投入。三是具有生态、经济的双重性，属于典型的生态经济系统。四是地域差异性显著。

从长期发展来看，设施农业的作用可以概括为：首先，帮助提高农产品品质。发展设施农业是提高农业生产质量、加快农业产业升级、解决大宗产

品供需矛盾的有效举措。其次，是农业发展的必然要求。随着发展高效农业目标的提出，国家对农业的管理要求也在提高。现代农业要求对于农业生产过程中的每一个环节都要实施科学的管理，采用现代化的规模集约经营模式，实现农业生产的标准化和设施化。再次，符合出口市场的要求。设施农业可打破技术壁垒，实现绿色农产品生产。最后，符合保护环境以及可持续发展的要求。

2. 设施农业是一个新的生产技术体系

设施农业并非简单地将大田栽培技术移用过来，而是选择合适的作物种类，采用与之相适应的技术和设施进行种植。设施农业主要依靠基本的设施工程，以生物技术为核心，以环境为载体，是多领域技术的集合。该模式利用工程技术手段，为动植物生长搭建起良好的环境；利用工业化的生产方式，使动植物在最短时间内获得最高的品质和产量，提高了经济效益。设施农业是一种高效率的农业模式，它的发展靠的是先进的科技，因此它属于高新技术产业。同时，它也是当今社会上最具生命力的产业之一，保证了鲜活农产品的供应。

3. 工业发展和科技进步是设施农业的发展基础

利用特殊的设施设备，设施农业可以在小范围内改变作物生长环境。现代化的农业设施建设主要包括：框架的搭建（镀锌钢管等），表面覆盖物（玻璃、塑料等），设施内部配套（加热系统、通风系统、灌排系统、环境调控系统等）等。

荷兰的人均耕地面积只有 560 平方米，但它的人均农产品出口额却位居全球首位，这主要归功于设施农业。荷兰拥有位居世界前列的现代化玻璃温室，每年产出大量的高档蔬菜、花卉，出口总额达到了数百亿美元。以色列是一个农业基础条件较差的国家，气候干旱、缺水。这个国家多年来致力于节水型设施农业的发展，使其蔬菜、花卉和其他高档农副产品的产出量和出口量位居世界前列。目前，很多国家都已经完成了技术体系建设，拥有了现代化的温室，通过计算机控制技术可以对植物生长需要的温度、光、水、肥等进行监控和调节，满足不同植物生长的需要。

（二）我国设施农业的重点研究方向与发展趋势

1. 我国设施农业的重点研究方向

第一，通过自主创新技术，研制出适用于不同地区和生态类型的新型温室；深入开展温室内相关设施的研究，以提高设施自动化控制水平。

第二，加强温室配套装置的技术研发，如温室自动化控制系统、温室材料、适合温室使用的小型农机等，提高温室种植的机械化水平和生产效率。

第三，温室资源高效利用技术研究开发，如节水节肥技术、增温降温节能技术、补光技术、隔热保温技术等，降低消耗，提高资源利用率。

第四，采后加工处理技术研究开发，包括采后清洗、分级、预冷、加工、包装、储藏、运输等过程的工艺技术及配套设施、装备等，提高产品附加值和国际市场竞争力。

第五，选育设施栽培高产优质并具有自主知识产权的创新品种，改变我国设施园艺主栽品种长期依赖国外进口的局面。

第六，设施农业高产优质栽培技术和不同品种、不同生态类型模式化栽培技术研究以及生产安全技术研究，如绿色产品生产技术、环境控制与污染治理技术、土壤和水资源保护技术等。

第七，温室设施与设施农业产品生产标准化研究，包括温室及配套设施性能、结构、设计、安装、建设、使用标准，设施栽培工艺与生产技术规程标准，产品质量与监测技术标准，等等。

2. 我国设施农业的发展趋势

第一，大型园艺设施的比例明显加大，其原因主要是随着设施园艺的迅速发展，设施蔬菜等超时令、反季节园艺产品的季节差价明显缩小，小型设施的单位面积产出率低、比较效益下滑，其收益显著低于大型设施，加上作业不便、劳作强度大，逐步富裕起来的农民也需要改善劳动条件。

第二，节能日光温室发展迅猛，加温温室发展缓慢，普通日光温室面积的比例由70%下降至34%；节能日光温室则从无到有，在温室面积中的比例猛增至61%。

第三，以遮阳网覆盖栽培为主的夏季设施园艺快速发展。

二、设施农业的类型

目前，我国设施农业的种类很多，形式各异，一般分为小拱棚（遮阳棚）、塑料大棚、日光温室、玻璃/PC板连栋温室（塑料连栋温室）、植物工厂等。

（一）小拱棚（遮阳棚）

小拱棚的特点是制作简单、投资少、作业和管理非常方便。它的缺点是不宜使用各种装备设施，并且劳动强度大，抗灾能力差，增产效果不显著。小拱棚主要用于种植蔬菜、瓜果和食用菌等。

（二）塑料大棚

塑料大棚是我国北方地区传统的温室，农户易于接受。塑料大棚按其内部结构用料不同，分为竹木结构、全竹结构、钢竹混合结构、钢管（焊接）结构、钢管装配结构和水泥结构等。总体来说，塑料大棚的造价比日光温室要低，安装拆卸简便，通风透光效果好，使用年限较长，主要用于果蔬瓜类的栽培。它的缺点是棚内立柱过多，不宜进行机械化操作，防灾能力弱，一般不用于越冬生产。

（三）日光温室

日光温室有采光性和保温性能好、取材方便、造价适中、节能效果明显、适合小型机械作业的优点。天津市推广新型节能日光温室，它的采光、保温和蓄热性能很好，便于机械作业。它的缺点是对于环境的调控能力和抗御自然灾害的能力较差，主要种植蔬菜、瓜果和花卉等。青海省普遍采用的多为日光节能温室，辽宁省也将发展日光温室作为该省设施农业的重要类型，甘肃省、山西省和山东省的日光温室分布比较广泛。

（四）连栋温室

连栋温室有玻璃/PC 板连栋温室和塑料连栋温室两类。

玻璃/PC 板连栋温室具有自动化、智能化、机械化程度高的特点，温室内部具备保温、光照、通风和喷灌设施，可进行立体种植，属于现代化大型温室。它的优点是采光时间长，抗风和抗逆能力强，主要制约因素是建造成本过高。福建省、浙江省、上海市的玻璃/PC 板连栋温室在防抗台风等自然灾害方面具有很好的示范作用。

塑料连栋温室以钢架结构为主，主要用于种植蔬菜、瓜果和普通花卉等。它的优点是使用寿命长、稳定性好，具有防雨、抗风等功能，自动化程度较高。它的缺点与玻璃/PC 板连栋温室相似，一次性投资大，对技术水平要求高。这类温室一般作为玻璃/PC 板连栋温室的替代品，更多地用于现代设施农业的示范和推广。

（五）植物工厂

植物工厂是继温室栽培之后发展的一种专业化、现代化的设施农业。它与温室生产的不同点是摆脱了大田生产条件和气候的制约，采用现代化先进技术设备，完全由人工控制环境条件，全年均衡供应农产品。目前，高效益的植物工厂在发达国家发展迅速，实现了工厂化生产蔬菜、食用菌和名贵花木等。

第四节　标准化农业、精准农业与信息化农业

一、标准化农业

（一）标准化农业的概念

标准化农业是一种以农业为核心的标准化过程，它遵循"统一、简化、

协调、选优"的原则，通过制定和执行相关标准，确保农业从生产前到生产中再到生产后的每一个环节都遵循标准的生产和管理流程。农业标准化被视为农业现代化进程中的关键环节。通过整合先进的科技和丰富的实践经验来制定农业标准，并将其广泛应用于农业的生产和经营中，最终将这些科技创新转化为实际的生产能力，从而实现经济、社会和生态的最大效益，实现高产出、高品质和高效率的目标。农业标准化涵盖了非常广泛的领域，包括但不限于：农业基本标准、种子和种苗标准、产品质量标准、实施方法标准、环境保护准则、卫生标准、农业工程及其构件标准以及管理规范。

（二）标准化农业特征

1. 以标准需求为契机

要为人类提供标准农产品，无疑必须发展标准农业，以满足人们对标准农产品的需求。一是健康需求，即人们对农产品的标准需求应满足人们的健康需要，农产品各种物质的含量应与人们的健康需要相一致。二是多维需求，即人们对农产品的标准需求应满足人们的多维需求，不仅仅局限于营养和品尝需求，还包括卫生和审美需求。三是水平需求，即人们对农产品的标准需求总是随着人们生活水平的提高特别是生活质量水平的提高而提高。

2. 以标准产品为目标

标准农产品一般应具备如下标准：一是营养标准。人类要健康，营养素必须满足人体的要求，每一种农产品都包含若干种营养素，标准农产品所包含的各种营养素含量都必须达到统一标准。二是品尝标准，即标准农业生产的农产品必须满足人们的品尝需要，符合人们的口感。三是卫生标准，即标准农业生产的农产品必须满足人们的健康需要，符合人们的健康要求，特别是有害物质含量绝对不能超标。四是审美标准，即标准农业生产的农产品还必须满足人们的审美需要，符合人们的审美要求，产品外观要有美感，且同种产品外观要一致。

3. 以标准理念为指导

要发展标准农业，生产标准产品，就必须树立农业标准化理念，以标准文化为向导，形成标准的思维方式，培育标准的行为方式，追求标准的农业事业。确切地讲，标准农业文化指的是在标准农业的产生、形成和发展的过程中，通过农业标准的制定、农业生产质量环境的营造、农业标准技术的研制、农业质量标准的监测、农业标准生产的管理而形成的一种产业文化。标准思维方式指的是从农业标准化的角度去思考问题、认识问题、判断问题、审定问题。标准行为方式指的是在农业生产的过程中，各个环节都自始至终围绕农业标准进行。标准农业事业则是指通过农业标准的制定、农业生产质量环境的营造、农业标准技术的研制、农业质量标准的监测、农业标准生产的管理，生产标准农产品的过程。

4. 以标准文件为依据

标准文件包括：一是农产品质量标准，应包含农产品的营养、品尝、卫生和审美标准等内容。二是农业生产技术过程规程标准，应包含产地选择、备耕、规格、栽植、施肥、灌水、防治病虫害、收获等标准内容。三是农业投入品质量标准，应包含农业投入品的品种、规格、主要要素含量、有害物质残留量、用途和使用方法等标准内容。四是农业生产环境质量标准，应包含土壤肥力水平、水质、有毒物质含量、农田基本建设水平、空气、周围环境等标准内容。

5. 以标准环境为条件

环境标准包括：一是生态环境。产地周围的环境应达到良性循环的要求，不但要植被状态好、水土保持好，而且植被之间、植被与水土之间、周围植被与产地之间应当形成互促互补的生物链。二是安全环境，即产地及其周围环境的有害物质，特别是土壤、水和空气中的有害物质含量应低于限量水平，不影响人体健康，符合生活质量日益提高的人们对安全质量的要求。三是地力环境，即产地土壤肥力水平达到高产、稳产的地力水平，也就是产地土壤的有机质、氮、磷、钾及其他微量元素含量丰富、比例协调，能满足高产优质作物生长发育的基本要求。

6. 以标准技术为手段

标准技术包括：一是农业生产环境质量控制技术。这一技术应以农业生产环境质量标准为依据，围绕标准农产品对农业生产环境的生态、安全、地力要求，通过植被营造、水土保持等生态环境保护措施，以及开挖环山沟、排除有害物质等安全措施和广辟肥源、用地养地等养地措施，使农业生产环境质量达到生产标准农产品的要求。二是农业投入品质量控制技术。农业投入品包括肥料、农药、激素、农膜等。这一技术也应以农业投入品质量标准为依据，围绕标准农产品对农业投入品的要求，通过对农业投入品生产原料的选择、把关，对农业投入品生产技术运作和方法的操作，使农业投入品质量达到生产标准农产品的要求。三是农业生产过程质量控制技术。这一技术同样应以农业生产过程规程质量标准为依据，围绕标准农产品对农业生产过程规程的要求，通过园地选择、规划、备耕、种植规格、栽植、施肥、灌水、防治病虫害、盖膜、收获等技术的标准使用，使农业生产过程质量达到生产标准农产品的要求。

7. 以标准监测为约束

标准监测包括：一是农业生产环境质量监测，即监测农业生产环境的生态因素、安全因素和地力因素是否达到标准文件所要求和规定的质量水平。二是农业投入品质量监测，即监测肥料、农药、激素和农膜等农业投入品的主要理化指标是否达到标准文件的要求和规定的质量水平。三是农产品质量监测，即监测农产品的营养、品尝、卫生和审美要素是否达到标准文件所要求和规定的标准水平。

8. 以标准管理为保障

标准管理包括：一是产地认定和产品认证体系，即国家必须建立权威的安全优质农产品的产地认定和产品认证机构。二是市场准入机制体系，即根据农产品分布和密集情况，国家设置相应的农产品安全质量监督机构，对农产品进行安全检查，对于符合安全质量要求的农产品发放市场准入证，允许其进入市场进行交易，否则将予以拒绝，以维护消费者的权益。三是品牌安全优质农产品评审体系，即建立国家授权、认可的品牌安全优质农产品评审机构，建立系统、规范、有序、理性的品牌安全优质农产品评审机制，定期对农产品进行评审，对荣获品牌安全优质农产品称号的农产品授予荣誉证书，以促进安全优质农产品向品牌的方向发展，提高品牌安全优质农产品的知名度和市场竞争力。四是打击、制裁假冒伪劣农产品的体系，即加强执法队伍的建设，以标准文件为依据，以安全优质农产品认证证书及其使用标志为凭证，以农业标准有关法律法规为手段，打击、制裁假冒伪劣农产品，以维护安全、优质的农产品的正常生产和市场营销。五是法律法规体系，即以宪法为指导，根据我国的实际，制定一部关于农业标准化或标准农业的法律或法规，使农业标准化工作、标准农业生产步入法律的轨道，并能够在法律的约束下有序、理性、规范、健康地向前发展。六是组织机构体系，即从中央到地方，建立、健全农业标准化工作机构，设置专门岗位，配备专门人员，装备专门设备，编制农业标准化工作专门路线图，使用农业标准化专门资料，执行农业标准化工作专门操作程序，以标准的组织机构，通过标准的工作，确保农业标准化工作有序、理性、规范、健康地向前发展。

二、精准农业

（一）精准农业的概念

精准农业代表了当前全球农业发展的新趋势，它是一套由信息技术支撑的现代化农事操作技术和管理系统，能够根据空间变异进行定位、定时和定量的实施。其核心思想是基于作物生长的土壤特性来调整对作物的资源投入。这意味着一方面要深入了解田地内部的土壤特性和生产力的空间变化，另一方面要明确农作物的生产目标。通过"系统诊断、优化配方、技术组合、科学管理"的方法，我们可以激发土壤的生产能力，从而以最少或最经济的方式获得相同或更高的收益，同时改善环境，高效地利用各种农业资源，从而实现经济和环境的双重效益。

（二）精准农业的特点

精准农业是在现代信息技术、生物技术、工程技术等一系列高新技术最新成就的基础上，发展起来的一种重要的现代农业生产形式，其核心技术是地理信息系统、全球定位系统、遥感技术和计算机自动控制技术。

1. 现代信息技术

自 20 世纪 90 年代起，精准农业在发达国家逐渐兴起，并已逐渐成为一个普遍的发展趋势。英国、美国、法国、德国等多个国家都在积极采用先进的生物、化学和航天技术，以使精准农业达到更高的"精准"水平。美国在农业领域引入了卫星定位系统，这项技术被命名为"精准种植"。它通过装备有卫星定位系统的设备，在农户的土地上收集土壤样本，并利用计算机技术处理这些数据，从而确定不同土地的养分含量，其精确度可以达到 1～3 平方米。基于这些信息，技术团队制定了相应的配方，并将其输入到施肥播种机器的计算机系统中。这台机器也配备了定位系统，使得操作人员在施肥和播种时能够实现精确的定位和定量；此外，还可以在联合收割机上安装卫星定位系统，并配备相应的电子传感器和计算机，使得收割机在工作时能够自动记录每平方米的农作物产量、土壤湿度和养分等精确数据。

2. 现代生物技术

现代生物技术的一大亮点是突破了远缘物种不能进行杂交的限制，即采用创新的生物技术手段来创建一个全球性的新基因资源库。通过这种新方法，我们可以将所需的基因进行有效组合，从而培育出具有更强抗病性、更高产量、更好品质、更丰富营养且生产成本更低的新型作物和新品种。此外，当代的生物技术也有助于节省能源、持续生产、简化制造流程、缩减生产时长、减少制造成本以及降低对环境的污染。比如说，美国将血红蛋白转移到玉米里，这不仅维持了玉米的高产特性，还增加了其蛋白质的含量。在美国、阿根廷和加拿大的数百万公顷土地上，已经进行了抗除草剂转基因水稻、玉米、土豆、棉花和南瓜等作物的试种工作。

以微生物为核心的农业被称为微生物农业。相较于动物和植物，微生物在合成蛋白质、氨基酸、维生素和各类酶的能力上有着数百倍的优势。微生物有能力将有机废物转化为有价值的资源，从而维护我们的生态环境。通过利用有益的微生物资源，我们不仅可以获取大量的生物质，用于生产食用蛋白质、脂肪和糖类等专业食品，而且在生物防治和土壤改善方面也表现出色。

3. 现代工程装备技术

现代工程装备技术是精准农业技术体系的重要组成部分，是精准农业的"硬件"，其核心技术是"机电一体化技术"。在现代精准农业中，现代工程装备技术可以应用于农作物播种、施肥、灌溉和收获等各个环节。

三、信息化农业

（一）信息化农业的概念

信息化农业是一种融合了知识、信息、智能、技术、加工和销售等多个生产和经营要素的开放且高效的农业模式，其核心理念便是农业信息化。从计算机在农业领域开始应用计算，目前已经发展到涵盖信息存储与处理、通信、网络技术、自动化控制以及人工智能、多媒体技术、遥感技术、地理信息系统和全球定位系统等多个方面，并涌现出如"智能农业""精准农业"和"虚拟农业"等先进的农业模式。

农业信息化描述的是信息和知识逐渐转变为农业生产的核心资源和推动力，同时信息和技术咨询服务行业也日益成为农业产业结构的基石，以及信息和智能活动对农业发展的巨大促进作用。

（二）信息化农业的特征

农业中所应用的信息技术包括计算机、信息存储和处理、通信、网络、多媒体、人工智能、"3S"技术等，概括而言具有以下特征。

1. 网络化

在最近几年中，基于信息高速公路的广域网和各种类型的局域网的用户数量呈现出快速增长的趋势。在美国，大量的农业企业、专业组织和农场已经广泛应用了计算机和网络技术，用户可以通过家里的电话、电视或计算机来共享网络上的信息资源。这些先进的计算机通讯网络为农业生产者提供了一个平台，使他们能够迅速、精确和全面地获取市场资讯，从而有力地降低了农业经营中可能出现的生产风险。

2. 综合化

信息化农业融合了多种信息技术，这包括数据库技术、网络技术、计算机模型库和知识库系统、多媒体技术、实时处理与控制等。此外，它还融合了信息技术和现代科技，特别是与农业科技的紧密结合，例如，信息技术与生物技术、核技术、激光技术、遥感技术的日益融合。这使得农产品的生产流程和生产方式得到了显著的改进，农业的现代化经营水平也在不断提升。举例来说，目前欧美国家普遍看好的一种视频数据检索系统和电视数据检索系统，是多媒体数据库技术、计算机软硬件技术和网络通信技术的综合应用。

3. 全程化

信息技术的应用已经不仅仅局限于某一个特定的农业生产流程、单一的经营环节或一个有限的区域，而是扩展到了横向和纵向的各个层面。随着时

间的推移，信息技术公司与农业生产和经营企业的合作，以及科研机构与生产经营单位乃至用户的联合，涉及多学科专家的复杂工程项目日益增多。这些建设项目全方位地解决了农业生产和经营中存在的问题，不仅让农业原有的优势得到了更为充分的发挥，还逐渐改善甚至消除了其固有的劣势，从而极大地提升了农产品在市场竞争中的竞争力。

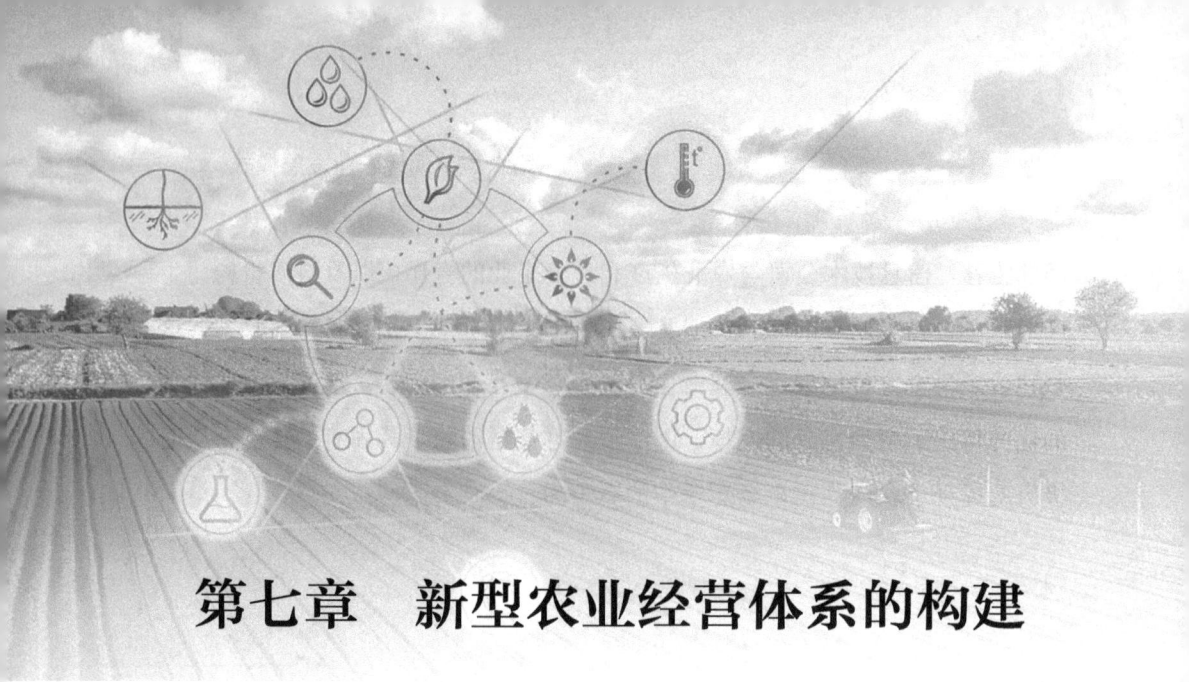

第七章　新型农业经营体系的构建

第一节　新型农业经营体系的内涵

一、新型农业经营体系的概念

新型农业经营体系是与以一家一户的家庭为单一农业生产经营主体的原有农业经营体系相对应的一种新型农业经营体系，是对农村家庭联产承包责任制的一种创新性发展。具体而言，新型农业经营体系是指大力培育发展新型农业经营主体，逐步形成以家庭承包经营为基础，专业大户、家庭农场、农民合作社、农业产业化龙头企业为骨干，其他组织形式为补充的一种新型的农业经营体系。

二、新型农业经营体系的特征

新型农业经营体系是集约化、专业化、组织化和社会化四个方面有机结合的产物。

（一）集约化

集约化是相对于粗放化而言的一种经营方式。新型农业经营体系将集约化作为其基本特征之一，一方面顺应了我国现代农业集约化发展的趋势，另一方面正是为了消除近年来部分地区农业粗放化发展的负面影响。在新型农业经营体系中，集约化包括三个方面的含义：一是单位面积土地上要素投入强度的提高；二是要素投入质量的提高和投入结构的改善，特别是现代科技和人力资本、现代信息、现代服务、现代发展理念、现代装备设施等创新要素的密集投入及其对传统要素投入的替代；三是农业经营方式的改善，包括要素组合关系的优化和要素利用效率、效益的提高。农业的集约化发展，有利于增强农业产业链和价值链的创新能力，但也对农业节本增效和降低风险提出了新的更高要求。推进农业集约化，往往是发展内涵型农业规模经营的有效途径。

（二）专业化

专业化是相对于兼业化，特别是"小而全""小而散"的农业经营方式而言的，旨在顺应发展现代农业的要求，更好地通过深化分工协作促进现代农业的发展，提高农业的资源利用率和要素生产率。从国际经验来看，现代农业的专业化实际上包括两个层面：第一，农业生产经营或服务主体的专业化。如鼓励"小而全""小而散"的农户家庭经营向专业化发展，形成"小而专、专而协"的农业经营格局。结合支持土地流转，促进农业生产经营的规模化，发展专业大户、家庭农场等，有利于推动农业生产经营的专业化。培育信息服务、农机服务等专业服务提供商，也是推进农业专业化的重要内容。第二，农业的区域专业化，如建设优势农产品产业带、产业区。从国内外经验来看，农业区域专业化的发展可以带动农业区域规模经济，是发展区域农业规模经营的重要途径。专业化的深化，有利于更好地分享分工协作效应，但也对生产和服务的社会化提出更高层次的要求。

（三）组织化

组织化主要是与分散化相对应的，包括三个方面的含义：第一，新型农业生产经营主体或服务主体的发育及与此相关的农业组织创新。第二，引导农业生产经营或服务主体之间加强横向联合和合作，包括发展农民专业合作社、农民专业协会等，甚至支持发展农民专业合作社联合社、农产品行业协会。第三，顺应现代农业的发展要求，提高农业产业链的分工协作水平和纵向一体化程度。培育农业产业链核心企业对农业产业链、价值链的整合能力及其带动农业产业链、价值链升级的能力，促进涉农三次产业融合发展等，增进农业产业链不同参与者之间的合作伙伴关系，均属组织化的重要内容。

（四）社会化

社会化往往建立在专业化的基础之上。新型农业经营体系将社会化作为其基本特征之一，主要强调两个方面：一是农业发展过程的社会参与，二是农业发展成果的社会分享。从另一个方面来看，农业产业链也是农产品供应链和农业价值链。农业发展过程的社会参与顺应了农业产业链一体化的趋势。近年来，随着现代农业的发展，农业产业链主要驱动力正在呈现由生产环节向加工环节以及流通等服务环节转移的趋势，农业生产性服务业对现代农业产业链的引领支撑作用也在不断增强。这些方面均是农业发展过程中社会参与程度提高的重要表现。农业发展成果的社会分享不仅表现为农业商品化程度的提高，而且表现为随着从传统农业向现代农业的转变，农业产业链逐步升级，并与全球农业价值链有效对接。在现代农业发展中，农业产业链消费者主权的强化和产业融合关系的深化，农业产前、产后环节利益主体参与农业产业链利益分配的发展，以及农业产业链与能源产业链、金融服务链的交融渗透，都是农业发展成果社会分享程度提高的重要表现。农业发展过程社会参与和分享程度的提高，增加了提高农业组织化程度的必要性和紧迫性。因为通过提高农业组织化程度，促进新型农业生产经营主体或服务主体的成长、增进其相互之间的联合和合作等，有利于保护农业生产环节的利益，避免农业产业链的利益分配过度向加工、流通、农资供应等产前、产后环节倾斜，有利于保护农业综合生产能力和可持续发展能力。

在新型农业经营体系中，集约化、专业化、组织化和社会化强调的重点不同。集约化和专业化更多地强调微观或区域中观层面，重点在于强调农业经营方式的选择。组织化横跨微观层面和产业链的中观层面，致力于提高农业产业组织的竞争力，增强农业的市场竞争力和资源要素竞争力，影响利益相关者参与农业产业链利益分配的能力。社会化主要强调宏观产业方面，也是现代农业产业体系运行的外在表现，其直接结果是现代农业产业体系的发育。在新型农业经营体系的运行中，集约化、专业化、组织化和社会化应该是相互作用、不可分割的。它们是支撑新型农业经营体系"大厦"的"基石"，不可或缺。

第二节　新型农业经营主体

一、家庭农场

（一）家庭农场的内涵

家庭农场是指在家庭联产承包责任制的基础上，以农民家庭成员为主要劳动力，运用现代农业生产方式，在农村土地上进行规模化、标准化、商品化农业生产，并以农业经营收入为家庭主要收入来源的新型农业经营主体。其一般是独立的市场主体（注：家庭农场不一定是法人，原"市场法人"表述有误）。

积极发展家庭农场是培育新型农业经营主体，进行新农村经济建设的关键一环。家庭农场的重要意义在于随着我国工业化和城镇化的快速发展，农村经济结构发生了巨大变化，农村劳动力大规模转移，部分农村出现了弃耕、休耕现象。一家一户的小规模农业经营，已凸显出不利于当前农业生产力发展的现实状况。为进一步发展现代农业，农村涌现出了农业合作组织、家庭农场、种植大户、集体经营等不同的经营模式，并且各自的效果逐渐显现出来。尤其是发展家庭农场的意义更为突出。家庭农场的意义具体表现在：一是有利于激发农业生产活力。通过发展家庭农场可以加速农村土地合理流转，减少弃耕和休耕情况，提高农村土地利用率和经营效率。同时，也能够有效解决目前农村家庭承包经营效率低、规模小、管理散的问题。二是有利于农业科技的推广应用。通过家庭农场适度的规模经营，能够灵活地应用先进的机械设备、信息技术和生产手段，大大提高农业科技新成果的集成开发和新技术的推广应用，并在很大程度上能够降低生产成本投入、大幅提高农业生产能力、加快传统农业向现代农业的有效转变。三是有利于农业产业结构调整。通过专业化生产和集约化经营，发展高效特色农业，可较好地解决一般农户在结构调整中不敢调、不会调的问题。四是有利于保障农产品质量安全。家庭农场有一定的规模，并进行了工商登记，更注重品牌意识和农产品安全，农产品质量将得到有效保障。

（二）家庭农场的特征

目前，我国家庭农场虽然起步时间不长，还缺乏比较清晰的定义和准确的界定标准，但是一般来说家庭农场具有以下特征。

1. 家庭经营

家庭农场是在家庭承包经营基础上发展起来的，它保留了家庭承包经营的传统优势，同时又吸纳了现代农业要素。经营单位的主体仍然是家庭，家庭农场主仍是所有者、劳动者和经营者的统一体。因此，可以说家庭农场是完善家庭承包经营的有效途径，是对家庭承包经营制度的发展和完善。

2. 适度规模

家庭农场是一种适应土地流转与适度规模经营的组织形式，是对农村土地流转制度的创新。家庭农场必须达到一定的规模，才能融合现代农业生产要素，具备产业化经营的特征。同时，由于家庭仍然是经营主体，受资源动员能力、经营管理能力和风险防范能力的限制，使得经营规模必须处在可控的范围内，不能太小也不能太大，表现出了适度规模性。

3. 市场化经营

为了增加收益和规避风险，农户的一个共同特征就是同时从事市场性和非市场性农业生产活动。市场化程度的不统一与不均衡是农户的突出特点。而家庭农场则是通过提高市场化程度和商品化水平，不考虑生计层次的均衡，而是以盈利为根本目的的经济组织。市场化经营成为家庭农场经营与农户家庭经营的区别标志。

4. 企业化管理

根据家庭农场的定义，家庭农场一般是经过登记注册的市场主体（注：不一定是法人组织，原表述有误）。农场主首先是经营管理者，其次才是生产劳动者。从企业成长理论来看，家庭农户与家庭农场的区别在于农场主是否具有协调与管理资源的能力。因此，家庭农场的基本特征之一就是以现代企业标准化管理方式从事农业生产经营。

（三）家庭农场的功能

家庭农场的功能与专业大户基本一样，承担着农产品生产尤其是商品生产的功能，以及发挥规模农户的示范效应，引导其向采用先进科技知识和生产手段的方向转变，增加技术、资本等生产要素投入，着力推进集约化水平。

二、农民合作社

（一）农民合作社的概念

《中华人民共和国农民专业合作社法》对农民专业合作社的定义是："农民专业合作社是在农村家庭承包经营基础上，同类农产品的生产经营者或者同类农业生产经营服务的提供者、利用者，自愿联合、民主管理的互助性经济组织。"

这一定义包含着三个方面的内容：第一，农民专业合作社坚持以家庭承包经营为基础；第二，农民专业合作社由同类农产品的生产经营者或者同类农业生产经营服务的提供者、利用者组成；第三，农民专业合作社的组织性质和功能是自愿联合、民主管理的互助性经济组织。

（二）农民合作社的特征

自愿、自治和民主管理是合作社制度最基本的特征。农民专业合作社作为一种独特的经济组织形式，其内部制度与公司型企业相比有着本质区别。股份公司制度的本质特征是建立在企业利润基础上的资本联合，目的是追求利润的最大化，"资本量"的多寡直接决定盈余分配情况。但在农民专业合作社内部，起决定作用的不是成员在本社中的"股金额"，而是在与成员进行服务过程中发生的"成员交易量"。农民专业合作社的主要功能是为社员提供交易上所需的服务，与社员的交易不以营利为目的。年度经营中所获得的盈余除了一小部分留作公共积累外，大部分要根据社员与合作社发生的交易额的多少进行分配。实行按股分配与按交易额分配相结合，以按交易额分配返还为主是农民专业合作社分配制度的根本特征。农民专业合作社与外部其他经济主体的交易，要坚持以营利最大化为目的市场法则。因此，农民专业合作社的基本特征表现在以下几方面。

（1）在组织构成上，农民专业合作社以农民作为合作经营与开展服务的

主体，主要由进行同类农产品生产、销售等环节的公民、企业、事业单位联合而成，农民约占成员总人数的 80% 以上，从而构建了新的组织形式。

（2）在所有制结构上，农民专业合作社在不改变家庭承包经营的基础上，实现了劳动和资本的联合，从而形成了新的所有制结构。

（3）在盈余分配上，农民专业合作社对内部成员不以营利为目的，将可分配盈余大部分返还给成员，进而形成了新的盈余分配制度；在管理机制上，农民专业合作社实行入社自愿退社自由、民主选举、民主决策等原则，建构了新的经营管理体制。

（三）农民合作社的功能

农民合作社集生产主体和服务主体于一身，融普通农户和新型主体为一体，具有联系农民、服务自我的独特功能。农民专业合作社发挥带动散户、组织大户、对接企业、联结市场的功能，进而提升农民组织化程度。在农业供给侧结构性改革中，农民合作社自身既能根据市场需求做出有效的响应，也能充分发挥传导市场信息、统一组织生产、运用新型科技的载体作用，把分散的农户组织起来开展生产，还能让农户享受到低成本、便利化的自我服务，有效弥补了分散农户经营能力上的不足。

三、农业龙头企业

（一）农业产业化

1. 农业产业化的概念

农业产业化是指在市场经济条件下，以经济利益为目标，将农产品生产、加工和销售等不同环节（注：原"环境"表述有误）的主体联结起来，实行农工商、产供销的一体化、专业化、规模化、商品化经营。农业产业化促进传统农业向现代农业转变，能够解决当前一系列农业经营和农村经济深层次的问题和矛盾。

2. 农业产业化的要素

（1）市场是导向。市场是导向，也是起点和前提。发展龙型经济必须把产品推向市场、占领市场，这是形成龙型经济的首要前提，市场是制约龙型经济发展的主要因素。农户通过多种措施，使自己的产品通过龙头产业在市场上实现其价值，真正成为市场活动的主体。为此，要建设好地方市场，开拓外地市场。地方市场要与发展"龙型"产业相结合，有一个"龙型"产业就建设和发展一个批发或专业市场，并创造条件，使之向更高层次发展；建设好一个市场就能带动一批产业的兴起，实现产销相互促进，共同发展。同时要积极开拓境外市场和国际市场，充分发挥优势产品和地区资源优势。

（2）中介组织是连接农户与市场的纽带和桥梁。中介组织的形式是多样的。龙头企业是主要形式，在经济发达地区龙头企业可追求"高、大、外、深、强"。在经济欠发达地区，可适合发展"低、小、内、粗"企业（注：原表述缺少"发展"，表意不完整）。除此之外，还有农民专业协会、农民自办流通组织。

（3）农户是农业产业化的主体。在农业生产经营领域之内，农户的家庭经营使农业生产和经营管理两种职能合为一体在农户的家庭之内，管理费用少，生产管理责任心强，最适合农业生产经营的特点，初级农产品经过加工流通后在市场上销售可得到较高的利润。当前，在市场经济条件下，亿万农民不但成为农业生产的主体，而且成为经营主体。现在农村问题不在家庭经营上，而是市场主体的农户在走向市场过程中遇到阻力，亿万农民与大市场连接遇到困难。此时，各种中介组织帮助农民与市场联系起来，农户既是农业产业化的基础，又是农业产业化的主体。他们利用股份合作制多种形式，创办加工、流通、科技各类中介组织，使农产品的产加销、贸工农环节连接起来，形成大规模产业群并拉长产业链，实现农产品深度开发，多层次转化增值，不断推进农业产业化向深度发展。

（4）规模化是基础。从一定的意义上来讲，"龙型"经济是规模经济，只有规模生产，才有利于利用先进技术产生技术效益；只有规模生产，才有大量优质产品；只有规模生产，才能提高市场竞争力，占领市场（注：原"只有提高市场竞争力，才能占领市场"表述逻辑不完整，补充"规模生产"）。要形成规模经济，就要靠龙头带基地、基地连农户，主要是公司与农户形成利益均等、风险共担的经济共同体，使农户与公司建立比较稳定的协作关系。公司保障相应的配套服务，农民种植有指导，生产过程有服务，销售产品有保证，农民生产减少市场风险，使得农户间的竞争变成了规模联合优势，实现了公司、农户效益双丰收。

3. 农业产业化的基本特征

农业产业化经营作为把农产品生产、加工、销售诸环节联结成完整的农业产业链的一种经营体制，与传统封闭的农业生产方式和经营方式相比，农业产业化有以下基本特征。

（1）产业专业化。农业产业化经营把农产品生产、加工、销售等环节联结为一个完整的产业体系，这就要求农产品生产、加工、销售等环节实行分工分业和专业化生产；农业产业化经营以规模化的农产品基地为基础，这就要求农业生产实行区域化布局和专业化生产；农业产业化经营以基地农户增加收入和持续生产为保障，这就要求农户生产实行规模化经营和专业化生产。只有做到每类主体的专业化、每个环节的专业化和每块区域的专业化，农业产业化经营的格局才能逐步形成，更大范围的农业专业化分工与社会化协作的格局才能形成。

（2）产业一体化。农业产业化经营是通过多种形式的联合与合作，形成市场牵龙头、龙头带基地、基地连农户的贸工农一体化经营方式。这种经营方式既能使千家万户"小生产"和千变万化的"大市场"联系起来，又能使城市和乡村、工业和农业联结起来，还能使外部经济内部化，从而使农业能适应市场需求、提高产业层次、降低交易成本、提高经济效益。

（3）管理企业化。农业产业化经营把农业生产当作农业产业链的"第一车间"来进行科学管理，这既能使分散的农户生产及其产品逐步走向规范化和标准化，又能及时组织生产资料供应和全程社会化服务，还能使农产品在产后进行筛选、储存、加工和销售。

（4）服务社会化。农业产业化经营各个环节的专业化，使得"龙头"组织、社会中介组织和科技机构能够对产业化经营体内部各组成部分提供产前、产中、产后的信息，技术、经营、管理等全方位的服务，推动各种生产要素直接、紧密、有效地结合。

（二）农业产业化龙头企业

1. 农业产业化龙头企业的概念

农业产业化龙头企业是指以农产品生产、加工或流通为主，通过订单合同、合作方式等各种利益联结机制与农户相互联系，带动农户进入市场，实现产供销、贸工农一体化，使农产品生产、加工、销售有机结合、相互促进，具有开拓市场、促进农民增收、带动相关产业等作用，在规模和经营指标方面达到规定标准并经过政府有关部门认定的企业。

2. 农业产业化龙头企业的优势

农业产业化龙头企业弥补了农户分散经营的劣势，将农户分散经营与社会化大市场有效对接，利用企业优势进行农产品加工和市场营销，提高了农产品的附加值，弥补了农户生产规模小、竞争力有限的不足，延长了农业产业链条，改变了农产品直接进入市场、农产品附加值较低的局面。农业产业化还将技术服务、市场信息和销售渠道带给农户，提高了农产品精深加工水平和科技含量，提高了农产品市场开拓能力，减小了经营风险，提供了生产销售的通畅渠道，并且通过解决农产品销售问题刺激了种植业和养殖业的发展，提升了农产品竞争力。

农业产业化龙头企业能够适应复杂多变的市场环境，具有较为雄厚的资金、技术和人才优势。龙头企业改变了传统农业生产自给自足的落后局面，用工业发展理念经营农业，加强了专业分工和市场意识，为农户农业生产的各个环节提供一条龙服务，为农户提供生产技术、金融服务、人才培训、农资服务、品牌宣传等生产性服务，实现了企业与农户之间的利益联结，能够显著提高农业的经济效益，促进农业可持续发展。

农业产业化龙头企业的发展有利于促进农民增收。一方面，龙头企业通过收购农产品直接带动农民增收，企业与农户建立契约关系而成为利益共同体，向农民提供必要的生产技术指导，提高农业生产的技术化水平，促进农产品质量和产量的提升，保证了农民的生产销售收入，同时也增强了我国农产品的国际竞争力，创造了更多的市场需求。农户还可以资金等多种要素的形式入股农业产业化龙头企业，获得企业分红，鼓励团队合作，促进农户之间的相互监督和良性竞争。另一方面，农业产业化龙头企业的发展创造了大量的劳动就业岗位，释放了农村劳动力，解决了部分农村劳动力的就业问题。

农业产业化龙头企业的发展提高了农业产业化水平，促进了农产品产供销一体化经营。通过技术创新和农产品深加工，提高资源的利用效率，提高了农产品质量，解决了农产品难卖的问题。同时，改造了传统农业，促进大产业、大基地和大市场的形成，形成从资源开发到高附加值的良性循环，提升了农业产业竞争力，起到了农产品结构调整的示范作用和市场开发的辐射作用，带动农户走向农业现代化。

农业产业化龙头企业是农村的有机组成部分，具有一定的社会责任。龙头企业参与农村村庄规划，配合农村建设，合理规划生产区、技术示范区、生活区、公共设施等区域，并且制定必要的环保标准，推广节能环保的设施建设。龙头企业培养企业的核心竞争力，增强抗风险能力，在形成完全的公司化管理后，还可以将农民纳入社会保障体系，进一步维护了农村社会的稳定发展。

四、新型农业经营主体间的联系与区别

（一）新型农业经营主体之间的联系

专业大户、家庭农场、农民合作社和农业龙头企业是新型农业经营体系的骨干力量，也是在坚持家庭承包经营基础上的创新，还是保障国家粮食安全和重要农产品有效供给、推进现代农业建设的重要主体。随着农民进城落户步伐的加快以及土地流转速度加快、流转面积增加，专业大户和家庭农场有很大的发展空间，或将成为职业农民的中坚力量，将形成以种养大户和家庭农场为基础，以农民合作社、龙头企业和各类经营性服务组织为支持，多种生产经营组织共同协作、相互融合发展，具有中国特色的新型经营体系，推动传统农业向现代农业转变。

专业大户、家庭农场、农民合作社和农业龙头企业，它们之间在利益联结等方面有着密切的联系，紧密程度视利益链的长短而形式多样。例如，专业大户、家庭农场为了扩大种植影响，增强在市场上的话语权，牵头组建"农民合作社+专业大户+农户""农民合作社+家庭农场+专业大户+农户"等形式的合作社，这种形式在各地都占有很大比例，甚至在一些地区已成为合作社的主要形式；农业龙头企业为了保障有稳定的、质优价廉的原料供应，组建"龙头企业+家庭农场+农户""龙头企业+家庭农场+专业大户+农户""龙头企业+合作社+家庭农场+专业大户+农户"等形式的组织（这里原"农民合作社"表述不太准确，前面已说明组建这些形式的组织，用"组织"更合适）。但是，它们之间也有不同之处。

（二）新型农业经营主体之间的区别

新型农业经营主体的主要指标，见表 7-1。

表 7-1　新型农业经营主体主要指标对照表

类型	领办人身份	雇工	其他
种养大户	没有限制	没有限制	规模要求
家庭农场	农民＋其他长期从事农业生产的人员	雇工不超过家庭劳力数	规模要求、收入要求
农民合作社	执行与合作社有关的公务人员不能担任理事长；具有管理公共事务的单位不能加入合作社	没有限制	20 人以上农民数量须占 80%，5～20 人农民须占 5%，5 人以下农民占 15%?
龙头企业	没有要求	没有限制	注册资金要求

第三节　新型农业经营主体的建设

一、以新理念引领新型农业经营主体

目前，在我国，农业的经营主体包括专业大户、家庭农场、农民合作社和农业企业等多种不同的经营实体。基于此，我们需要培育新型的农业经营主体，推动适度规模经营模式，并构建一个多元化、功能互补、配套合作的新发展机制，其中必须遵循融合、共享和开放等新发展理念。

各种经营主体都有其独特的功能和作用，通过融合发展，可以显著提升其优势和工作效率。我们既要激励各方发挥其特有的角色，同时也要鼓励它们之间的融合，努力培育和拓展家庭农场、合作社和产业化联合体等形式。

农民的经济状况是否宽裕，是衡量新型农业经营模式发展成效的关键指标。我们必须避免出现强者越强、弱者越弱的情况，防止即使农民已经富裕，发展也停滞不前的现象。尤其在企业与农民之间的合作和联合活动中，建立一个共享机制至关重要。这不仅可以促进资源的互联互通，还可以加强企业与农民、合作社与合作社、企业与家庭农场以及企业与合作社之间的合作关系。这种合作关系将从简单的买卖、雇佣和租赁逐渐转变为更为紧密的保底收购、合作、股份合作和交叉持股等形式，从而形成一个利益共同体、责任共同体和命运共同体。

农业和农村的改革发展之所以充满活力，是因为开放已经成为不可逆转的趋势。在推进现代农业建设的过程中，我们需要精准把握国内与国际两大市场，确保市场通道畅通无阻，并以更为开放和包容的态度接纳各种有益的资源要素。在涉及土地流转、农地经营、农业生产服务和农产品加工营销等多个方面时，我们应该鼓励各类主体积极参与，以市场需求为导向，公平地进行竞争，以满足农地的农业用途、新型经营主体的需求以及新型职业农民和新农人的需求。土地的流转可以在多个主体之间进行，以实现资源的最优配置。农业的社会化服务可以在不同区域开展，从而达到降低成本和提高效益的目标。城市的工商资本可以根据相关规定流转土地，参与农业经营，引导现代农业的发展方向。电子商务等企业也可以发展生鲜电商、智慧农业等，以培育新的业态，发展新的产业。同时，所有新型主体都必须严格遵守政策的底线和红线，不能改变土地的集体所有性质，不能改变土地的农业用途，也不能侵犯农民的土地承包权益。

二、搞好新型农业经营主体规范化建设

规模是规范的基础，规范是质量和声誉的保障。经过多年的自我发展和政策支持，各类新型农业经营主体蓬勃发展，总体数量和规模不断扩大，新型农业经营主体成为建设现代农业的骨干力量。

（一）家庭农场要还原本质特征

家庭农场的本源是家庭经营，是指夫妇双方和子女组成的核心家庭，不能泛化。家庭农场的本质内涵是家庭经营、规模适度、一业为主、集约生产，每句话都有深刻含义。

1. 家庭经营

现阶段从全球范围来看，所谓家庭农场应是核心家庭的劳动力经营，是

经营者的自耕，不能将所经营的土地再转包、转租给第三方经营。要积极倡导独户农场，而不应将雇工农场、合伙农场、兼业农场、企业农场等作为规范化、示范性农场。农忙时可以雇短工，可以有 1~2 个辅助经营者，但核心家庭成员的劳动和劳动时间的占比一定要达到60%以上。

2. 规模适度

家庭经营的上述特征决定了只能发展适度规模经营，动辄几千亩、上万亩土地的经营规模反而会导致报酬递减。我们提倡的家庭农场土地平均规模是当地农户平均规模的 10~15 倍，就是这个原因。

3. 一业为主

家庭农场要规避低效率的小而全、大而全的生产经营方式，根据自身的能力和职业素质，选择主导产业，依托社会化服务，实现标准化、专业化生产，才能更充分地体现家庭农场经营的优越性。

4. 集约生产

家庭农场的核心价值在于确保其劳动力与其他资源的高效配置，从而充分利用其规模经营和家庭经营的双重优势。因此，家庭农场必须坚持科技创新的理念，在整个生产过程中减少资源的投入，科学地管理产业，降低生产成本，提高产品的质量和效益，以实现可持续发展。

（二）农民合作社要扩大规模

观察国际合作社的发展状况，我们可以看到合作社的个体数量正在减少，但其单一的经营或提供的服务规模正在逐渐扩大，呈现出规模化的发展方向。我们必须坚守合作社的核心理念，确保合作社完全属于农户，由农户主导，并根据其章程进行分配。基于此，遵循合作社合并、规模扩张和质量提升的发展策略，我们应扩大经营规模，积极推动联合社和集生产、供销、信用于一体的综合社的发展，以增强其整体竞争力。

（三）龙头企业要发挥作用

龙头企业与普通企业之间的核心差异在于，它们的目标是推动农民的发展，并构建利益机制，使农民能够分享产业链带来的增值利益。这也构成了中央对龙头企业提供支持的一个关键因素。龙头企业在发展农业时，始终遵循服务农民、协助农民和使农民富裕的基本原则。在自愿、平等和互利的前提下，应推动订单农业的发展，为农户提供高质量且价格合理的服务，并鼓励农民通过适当方式参与股份，从而构建一个经济、责任和命运的共同体。

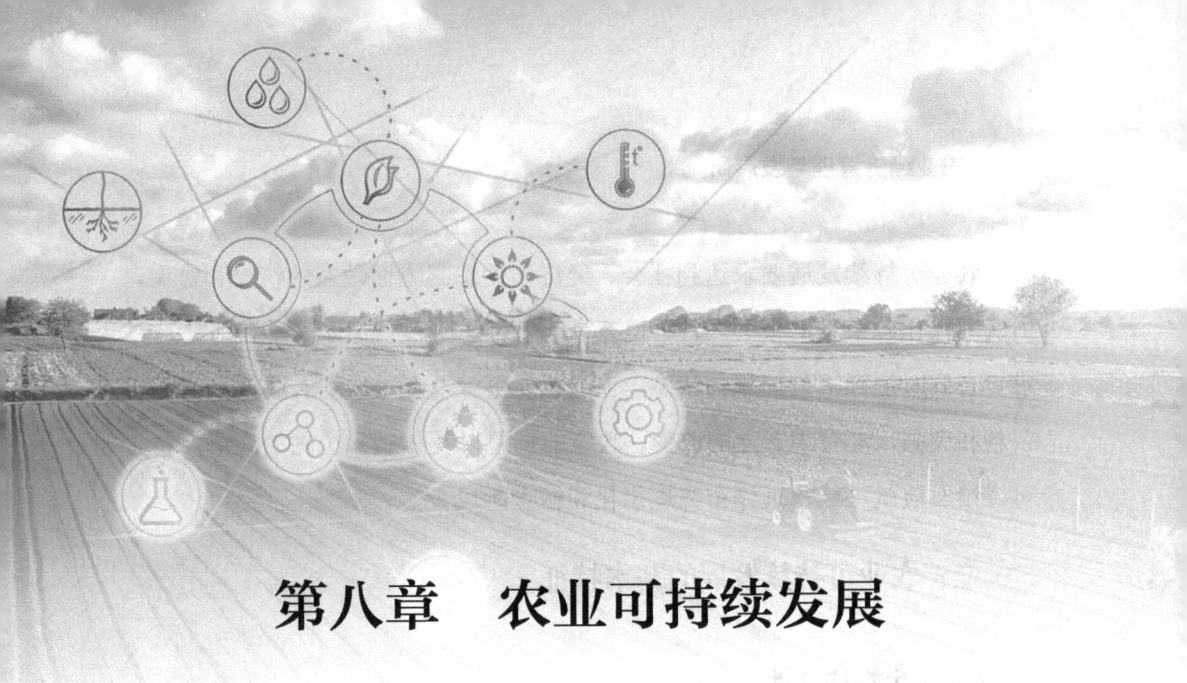

第八章　农业可持续发展

第一节　农业可持续发展的内涵与基本特征

一、农业可持续发展的内涵

农业可持续发展是指在满足当代人需求，又不损害后代满足其需求的发展条件下，采用不会耗尽资源或危害环境的生产方式，实行技术变革和机制性改革，减少农业生产对环境的破坏，维护土地、水、生物、环境不退化，技术运用适当、经济上可行以及社会可接受的农业发展战略。"不造成环境退化"，是指希望人类与自然之间、社会与自然环境之间达到和谐相处，建立一种非对抗性、非破坏性关系；"技术运用适当"，是指生态经济系统的合理化并不主要依靠高新技术，而以最为适用、合理的技术为导向；"经济上可行"，是指要控制投入成本，提高经济效益，避免国家财政难以维持和农民难以承受的局面；"能够被社会接受"则指生态环境变化、技术革新所引起的社会震荡，应当控制在可以承受的范围内。

农业可持续发展要求达到社会、经济和生态三方面效益的统一和协调，但实际操作起来难度极大。且不说三个效益都达到最优绝不可能，即使是要求三者同时达到较为理想的状态，也绝非易事。没有对常规农业技术的不断创新和突破，没有观念上的改变、政策的调整以及体制和机制的改革，农业可持续发展就可能永远停留在理想化和概念阶段。

二、农业可持续发展的基本特征

（一）生态持续性

生态持续性主要关注生物——自然过程以及生态系统的永续生产力和功能。长期的生态持续性要求维护资源基础的质量，维护其生产能力，尤其是维持土地的产量。生态持续性还要求保护自然条件，特别是保护农业自然条件、基因资源和生物多样性。当代农业的显著特点就是频繁耕耘，集约单一种植，高能源、高密集投入，这已造成土壤侵蚀、养分流失、土壤板结、土壤污染等严重问题，损害着土地资源的生产能力。这种农业是不能长期持续的。

（二）社会持续性

持续性的社会方面强调满足人类基本的需求（如食、住、衣等）和较高层次的社会——文化需求（如教育、就业、娱乐、平等、安全等）。持续不断地提供充足而可靠的农产品（特别是粮食）以满足社会需求，这是持续农业的一个主要目标。在发展中国家，较为迫切的要求常常是解决温饱、避免饥荒，这就是所谓食物充足性问题和承载能力问题。在发达国家，满足需求一般意味着提供既充分又多样的农产品以满足消费需求和偏好，并确保安全可靠的供给。

社会持续性概念一般都有平等的含义，包括代间平等和代内平等。代间平等指为后代保护资源基础，保护他们从资源利用中获得收益的权利和机会。代内平等指资源利用和农业活动的收益在国家之间、区域之间和社会集团之间公正而平等的分配。导致环境退化从而使将来生产成本或环境治理成本增加的农业生产系统，损害其他国家、地区和社会集团利益的农业系统，都不能认为是持续的。有时这两种平等问题互相交织。例如有些地区尚未解决温饱问题，这是代内不平等；这又迫使当地农民为求生存而采取一些可获暂时效益但破坏环境和资源基础的活动，从而损害了后代的权利和机会，留下代际间不平等的后患。

（三）经济持续性

经济持续性主要关注农业生产者的长期利益。其中一个重要问题就是产量的持续性。土地退化和其他环境问题将改变作物的生物——自然条件，从而影响产量。可见这种持续性的经济关注与生态关注是联系在一起的，但这里着眼于未来生产率和产量，而不是自然资源本身。

经济持续性的另一个重要方面是农业经营的经济表现和可获利性。在市场经济中，由于农产品价格低下、产量减少、生产成本上升等原因而不能创造足够利润的农场是不能自我持续的。因此，农业要持续，就必须使生产者有利可图。实际上农业的经济持续性是与其生态持续性紧密联系的，如土地退化是生态问题，但其后果显然会在经济上反映出来。

第二节　影响农业可持续发展的主要因素

农业可持续发展是一种多要素、全方位、综合的发展，它不仅取决于经济因素，而且取决于与经济因素有密切联系的非经济因素，涉及人口、教育、自然资源、环境、技术进步和制度等多种因素。

一、人口与农业可持续发展

（一）人口增长对资源、环境及社会系统的压力

人口是经济与社会系统的核心，是发展的原动力和终极受益者。因此，人口与资源、环境、经济、社会的相互协调，便成为农业可持续发展的基本问题。从资源方面来看，人口过多，必然造成对资源的过度需求，导致资源过度消耗，从而加重资源危机。人均资源量的进一步降低，将使农业资源负担过重，工业资源供给不足，必然削弱人均产出的提高和可持续发展的能力。从环境方面来看，人口过多将增加对资源的利用强度，对生态系统造成破坏，为满足人口群体生产和消费的增加，土地沙漠化、森林和草场的破坏、温室效应等问题随之而来。人口的过快增长，使得发展中国家的农业剩余劳动力问题更为严重，进而会加速人口的聚集和迁移，从而引起城市化质量的下降、失业增加、治安混乱等一系列社会问题。

（二）人力资本积累与农业可持续发展

过快的人口增长将不利于农业的可持续发展。那么，合理的、有利于农业可持续发展的人口规模是什么呢？法国人口学家索维提出了适度人口的理论，他认为适度人口是使社会发挥最大效率的人口。其含义主要是，人口再生产实现最低限度的扩大，生育受到控制，人口结构得到协调，人口寿命得到延长，人口素质不断提高。人口是一定数量和一定质量的统一体。对于农业的可持续发展来说，在控制人口数量的同时，关键在于提高人口的质量。因为随着社会的发展和农业现代化的推进，农业人口会不断减少，但现代农业对农业劳动力素质的要求却不断提高，因而增加人力资本积累，对于农业的持续发展至关重要。

人力资本是体现于人自身上的各种知识、技能及体力的存量。人力资本积累通过人力资本投资形成。这种投资包括正规学校教育、职业培训、

医疗保健、迁移等多种形式，其中教育是人力资本投资中最重要的部分。理论和大量的实证分析都表明，人力资本是实现农业经济增长的主要动力和决定因素。

人力资本积累能提高自然资源的利用效率。人力资本的提高，将通过劳动者技能的提高，技术工艺操作水平的提高而增进物质资本和自然资本的使用效率，节约自然资源和物质资本，使农业的可持续发展成为可能。人力资本与其他农业生产要素相结合，能使农业经济产生递增收益，这是人力资本所包含的生产能力。人力资本的配置能力为农业可持续发展提供了理论上的保证和实践上的可能性。面对环境污染、不可再生资源耗竭等难题，促进人力资本的积累，将提高人们进行农业可持续发展的意识和能力。

人力资本积累有利于改善人们的收入分配状况。造成农民贫穷的主要原因不是所占有土地的多少，而是人力资本积累太少。提高人力资本积累水平，是提高农民收入，改变人们收入分配状况的最根本性措施。这是由于：第一，人力资本的收益率大大高于物质资本的收益率，使国民收入中资产所贡献的份额减少，劳动贡献的份额增加。第二，人力资本积累的途径较多，在人群间的分配要比物质资本或现有资产的分配更为平等。第三，人力资本的提高有利于农业劳动力脱离农业，减轻农业人口对自然资源的压力。

二、自然资源与农业可持续发展

自然资源是指一切能为人类提供生存、发展、享受的自然物质与自然条件，如土地资源、水资源、矿产资源等，它是生产的原料来源和布局场所。对于农业生产来说，自然资源更为重要。但农业中的自然资源如土地、水等，呈现出越来越明显的有限性或稀少性，并且质量在不断地恶化。自然资源是农业经济发展的基本因素，随着人口的增加和人们生活水平的提高，社会需要更多的农产品，迫使人们要提高对自然资源的利用强度，这就构成了自然资源与农业可持续发展的矛盾冲突。

（一）自然资源的永续利用是农业可持续发展的物质基础和基本条件

农业可持续发展的本质是人类社会自身的永续生存和发展，农业自然资源的利用不能只顾及当代人的利益，还必须关注后代人发展的需要。自然资源支持着自身及人类的持续发展，其承载力预示着世界及各国人口的规模，也制约着人类经济社会结构的规模。如果没有自然资源系统的持续发展，也就没有农业的可持续发展，那么人类的可持续发展也就成为一句空话。

（二）实现农业可持续发展的自然资源利用原则

如何实现自然资源的可持续利用，是农业可持续发展的关键之所在。在农业现代化的发展过程中，人们在不断努力获得外部资源的同时，在人类社会有意义的时间和空间尺度上，就自然资源的数量和质量的总体水平而言，农业利用自然资源的选择空间不断缩小。这就要求我们在农业现代化发展过程中，要遵循以下几项原则。

1. 最低安全标准原则。最低安全标准是鉴于生态供给具有阈值以及生态系统的不可逆性，为实现资源的可持续利用而提出的一个概念。在生态供给阈值以内生态系统或可再生资源具有自净和恢复能力，使人类可以持续利用。然而，一旦持续超过这个阈值，则生态系统或可再生资源的净化或吸收能力将萎缩或丧失，造成永久的损失，以至于人类必须支付一定的额外费用，才能补偿其不良后果。生态供给阈值是维持生态功能持续性的最低存量水平。许多重要资源，如森林、河流、湖泊、土壤等都存在生态阈值，因而，农业生产的发展不能超过生态供给阈值，这样才能保证农业的可持续发展。

2. 公平性原则。农业可持续发展的公平性原则，不仅要求自然资源利用的代际公平，而且还要求实现代内公平。代际公平就是在农业开发利用自然资源时，不仅要考虑当代人的利益，而且必须兼顾后代人的需求，使后代人不至于丧失与当代人平等的发展机会。代内公平一般指国家范围内的同代人的公平，即公平分配有限资源，特别是土地资源。当今世界的现实是一部分人富足而大部分人则处于相对贫困甚至绝对贫困的状态，特别是农村人口与城市人口收入差距较大，贫困人口主要在农村。这种贫富悬殊、两极分化的世界，是不可能实现可持续发展的。因此，要给世界以公平的分配和发展权，把贫困作为农业可持续发展进程优先解决的问题来考虑。

三、环境与农业可持续发展

环境是指与人类密切相关的，影响人类生活和生产的，在自然或人类作用下形成的物质和能量及相互作用的总和。它主要包括生态系统以及人们对之作用而产生的各种依存关系。环境一方面是人类生存和发展的物质基础和空间条件，另一方面又承受着人类活动产生的废弃物质和其他种种结果。工业化、城市化和农业现代化的发展，使农业所面临的环境越来越恶化，农业的可持续发展受到了严峻的挑战。

（一）环境问题的特性

1. 环境问题与农业可持续发展紧密相联，环境对农业可持续发展具有推动和制约的双重性，二者既对立又统一。

2. 环境问题具有传递性，它可以从城市向农村、从工业到农业、从发达地区到不发达地区、从流域上游向流域下游转移和相互影响。因而除了农业以外，还需要各行业、各地区、整个国家，甚至整个世界采取共同的行动。

3. 环境污染往往具有累积性，呈指数式发展。一开始人们可能并不在意，但随着污染的不断积累，环境危机将以突发形式出现，从而导致严重的环境压力。因此，应运用环境教育、科学知识普及等手段来增强人们的环境意识，使人们自觉地保护环境。

4. 环境问题的外部性，人们在给环境造成损害后，将给社会和他人造成损害，肇事者并没有承担全部成本；人们改善环境后，社会和其他的人也会从中受益，行善者也没有获得全部收益。这说明在市场经济条件下环境问题会失灵，政府适度调控成为必要。

（二）实现农业可持续发展的环境保护思路

1. 产权管理思路。其主要特征是将产权同外部性联系起来，强调市场机制的作用，认为可能在不需要政府干预的情况下，通过产权明晰和协调各方的利益或讨价还价过程而使外部成本内部化。科斯指出，当存在外部性问题时，只要交易成本为零，而且产权是明确的，那么，不论谁拥有产权，通过市场都可以使资源得到同样有效的配置。这样一种思路有利于环境的保护。但产权管理的思路在实践中存在着许多问题，使其优化机制难以全面发挥。这是由于，第一，农业许多环境和自然资源的产权难以确定。产权明确是进行交易和形成市场的必要前提，但农业中的许多河流、湖泊、海洋等的产权难以明确。即使名义上明确了产权，实际上仍然无法消除外部性。第二，交易成本过高。如果受害数目众多，且受害程度不一，即使明确了产权关系，也可能使得污染者与受害者之间的交易成本如此之高，以至于对全社会福利没有好处而无法实施产权的优化管理。第三，环境信息的不对称和讨价还价过程中的非合作博弈，也可能导致通过产权管理的途径达不到帕累托最优水平。

2. 国家干预思路。一些人认为，许多公共资源根本不可能做到明确产权，市场对环境问题是失灵的，因而主张政府以非市场途径对环境资源利用进行直接干预。对环境问题即使可能做到明确产权，但除了当代人，其他受害者也无法维护自身的利益。这是因为：环境污染和生态破坏往往具有长期影响，会损害后代人的利益。从可持续的原则出发，后代人对今天的环境与生态资源无疑有一定的权利，而在发生涉及后代人权益的环境问题时，科斯等人关于通过市场交易来解决外部性问题的思路根本不可行。唯一可行的办法就是由政府充当后代人的代表，并通过国家干预来保护后代人的权益。然而并非在任何条件下国家干预都优于市场机制，而且国家干预也需要成本。政府干预虽然可以严格地确定环境标准，但不可避免地也存在着一些缺点：第一，它可能妨碍了市场的运作而引起效率的损失；第二，存在信息不足或不对称、政策实施的时滞、公共决策的局限性和寻租活动等问题，有时就不可避免地导致政府环境政策失灵。

四、技术进步与农业可持续发展

技术进步对提高农业可持续发展的能力起着至关重要的作用。这是因为技术进步提高了人们利用资源的效率和能力，技术进步提高了人力资源的质量，以基因工程、细胞工程为主要内容的现代生物技术，极大地优化了农业生产结构。技术进步与农业可持续发展的关系如下：

（一）农业不可持续的根本原因之一是科学技术落后

低下的技术水平导致了落后的农业生产方式，使自然资源过度消耗或利用效率低下，生态环境遭到破坏，环境问题增多。

（二）农业可持续发展必须依靠科技进步

技术进步有利于人们更好地认识和解决农业可持续发展过程中所遇到的环境等问题。

（三）某些技术进步可能产生负效应，不利于农业的可持续发展

如农药、化肥、塑料薄膜等现代要素的投入使用，在提高农业产量的同时，也带来了环境污染等问题。当然，这些问题的解决也有赖于科学技术的进步。

（四）技术进步是农业可持续发展的源泉，但它只是必要条件而非充分条件

要使技术得到广泛有效的利用，并使技术本身的进步得到充分的激励，

还必须进行产权、政策等制度方面的创新。

第三节　农业可持续发展与中国生态农业

一、生态农业与中国特色生态农业的内涵

（一）生态农业

生态农业是按照生态学原理和经济学原理，运用现代科学技术成果和现代管理手段，以及传统农业的有效经验建立起来的，能获得较高的经济效益、生态效益和社会效益的现代化高效农业。它要求把发展粮食与多种经济作物生产，发展大田种植与林、牧、副、渔业，发展大农业与第二、三产业结合起来，利用传统农业精华和现代科技成果，通过人工设计生态工程，协调发展与环境之间、资源利用与保护之间的矛盾，形成生态上与经济上两个良性循环，实现经济、生态、社会三大效益的统一。

（二）中国特色生态农业的内涵

中国的生态农业是在中国古老的传统农业的基础上发展起来的农业生产模式。中国生态农业模式多样，内容丰富，如南方的水旱结合、农渔结合的"桑基鱼塘"生态农业，北方的农林牧渔结合多维多元生态农业，以提高各种自然资源利用率为重点的立体种植生态农业，物能多极转化利用的生态农业等形式，都是依据当地农业资源优势发展起来的具有地域特点的生态农业模式。

原西南大学教授叶谦吉在《生态农业——农业的未来》一书中为中国的生态农业作了如下的定义："生态农业就是从系统的思想出发，按照生态学原理、经济学原理和生态经济学原理，运用现代科学技术成果和现代管理手

段以及传统农业的有效经验建立起来，以期获得较高的经济效益、生态效益和社会效益的现代化的农业发展模式。简单地说，就是遵循生态经济学规律进行经营和管理的集约化农业体系。"

二、中国特色生态农业的特征

中国特色的生态农业的特征表现在以下几个方面。

（一）建立在可更新资源基础之上，与当地农业环境资源组合相适应

中国特色的生态农业既充分合理利用资源，发展生产，又能保护和增值自然资源，使资源得以永续利用。

（二）以一业为主，多业结合，全面发展

中国特色的生态农业注意农、林、牧、渔、加工各业之间的相互协调、相互促进，以实现系统整体的多功能、高效率。

（三）合理配置植物、动物、微生物，实行立体种植、混合喂养、结构合理的立体农业

中国特色的生态农业利用共生相养原理，使有限的空间、水、土、光、热资源得到充分利用，达到较高的光能利用率和生物能转换率。

（四）循环利用"废物"，使农业有机废弃物资源化，增加产品产出

中国特色的生态农业开展以生物防治为主的综合防治，控制杂草和病虫害。以农家肥、绿肥等有机肥为主，合理施用化肥，既保证增产，又提高经济效益。

（五）现代农业技术与传统农业技术相结合

中国特色的生态农业充分利用现代的科学技术，特别是生物技术，并且

与传统农业实用技术相结合。

（六）以内部调控为主，外部调控为辅

中国特色的生态农业重视自我调节作用，采用人工调节与自然调节相结合的措施，维持系统的稳定性。

（七）农业全面规划，兼顾社会、经济和生态三大效益

中国特色的生态农业的特征表明，它符合自然界的发展规律，并能较好地协调经济发展与环境保护之间的矛盾，是中国农业实现可持续发展的一种战略选择。

第四节　农业可持续发展的趋势

进入 21 世纪，全球现代农业正经历两大转型：首先是确立一个可持续发展的新策略，以替代传统的"石油农业"模式；其次，高科技在农业领域的应用不仅催生了新一轮的农业技术革命，还为模式构建提供了有利条件。因此，现代农业出现了一个新的定义，即现代持续农业。现代持续农业沿着人口、社会、经济、资源和环境之间相互推动和协同发展的路径前进。在推动农业生产效率高效提升的过程中，我们也要注重资源和环境的保护，确保它们能够持续地支持农业的进步；在继承和发扬传统有机农业技术中关于有机物质循环利用精髓的同时，也广泛吸纳可持续发展的现代先进技术，并结合现代经济的产业化组合与企业管理策略，通过技术、经济和环境三个系统的和谐协作，构筑了一个经济生态持续健康循环的农业经营模式，并在此基础上努力提高资源的使用效率、劳动生产效率、土地利用效率以及经济回报。

持续农业未来的发展趋势具体表现为以下几个方面。

一、追求农业与环境的协调发展

持续农业代表了技术、经济、社会、资源和环境之间的和谐统一，它构建了一个使人与大自然和谐相处的生态环境，确保人类与其他生物能够和谐共生。我们的核心目标是实现可持续发展，旨在为当前和未来的世代带来福祉，确保人类在地球上能持续健康地生活和繁衍。人类已经开始反思那些以掠夺自然、破坏生态环境和单纯追求经济增长为目的的片面行为。我们认识到，人类作为自然界的一个重要组成部分，其对周围自然环境的负面影响越来越大。人类对自然的索取手段已经被过度使用，正在破坏自然界的生态平衡。因此，我们必须从破坏转向保护环境、自然资源和维持生态平衡。首要任务是保护植物的生长环境，为了确保作为基本生活需求的农作物能够持续生长和生产，维护和完善植物生态系统是不可或缺的。

二、节约资源提高资源利用率

为了实现农业的可持续发展，我们必须纠正"石油农业"对自然资源的过度消耗问题，并将资源经济转型为技术和知识密集型的经济模式。现代农业是一种高度综合和密集型的科技产业，它是基于生物学、农艺学、土壤学、生态学、环保学、机械、化工、能源、材料、电子计算机、信息等多个学科，以及经济学的综合应用而建立的。这个产业是通过整合多个学科的技术和经济成果来推动的。现代农业科技正在经历学科的分化和分工，同时也在走向新的综合和联合。这包括发展多个专业的综合应用，发展可持续的高新技术，节约或替代不可再生的自然资源消耗，并提高资源的利用率。

三、建立经济与生态良性循环体系

可持续农业不仅需要确保农业生态系统的物质和能量资源得到最大化的开发和利用，以满足经济增长和社会进步的需求，还必须确保不超出农业生态系统自我调节机制的承载范围，保持系统的动态平衡和持续生产力。在经济持续增长的同时，生态系统也应能够自我调节和自我修复，实现相互促进和良性循环。在保护自然资源和环境、维持生态平衡的过程中，应以经济为主导，将环境保护融入经济活动的发展中，而不是受到自然生态平衡的过度限制；然而，人类的经济行为不能超出生态系统的承受范围，否则可能会打破一个健康的循环。在农业生态效益与经济效益之间，我们需要找到一个平衡点，确保自然再生产与经济再生产的和谐统一，并在自然再生产的基础上推进经济再生产的进程。自然再生产实际上是生物和环境因素的融合，它是决定生物产量的关键因素，同时，生物产量也构成了经济产量的基础。经济的健康循环与生态系统的健康循环是紧密相连的。一个合理的生态经济体系，不仅需要实现高效的经济增长，还必须致力于生态环境的保护，确保资源得到持续的利用；现代持续农业不仅有助于提升劳动效率，同时也促进了生态环境的改善。

四、强化农业系统内的自养、自控功能

农业生产与工业生产有所不同，它需要一个自然的再生产过程。这个过程依赖于动植物、微生物等生命体与周围的光、热、水、土、肥、气等自然环境进行物质和能量的交换，并依赖于它们自身的生长和发育功能来完成。农业的有机性是不可替代的。在维护生物自然再生产过程中，实现有机物质的循环，促进生物之间、生物与环境之间的物质能量转化和互促、互制功能，再通过增加农业系统外部的生物工业物质技术投入，与"石油农业"削弱农业系统内的有机物质循环相反，发挥农业系统内自然再生产过程的自养性、自控性，是提高资源利用率、维护生态平衡的基础。

五、广泛应用现代高新技术

现代高科技的普及和应用，无疑将成为推动农业持续发展的核心驱动力。鉴于持续农业追求的是高效、无污染和可持续的目标，为了达到这一目标，我们必须最大化地利用现代科技的成果。除了传统的农业技术外，微观

工程技术如基因工程和发酵工程也将在持续农业中得到广泛应用，而农业的宏观生态工程技术，例如污水处理和生物活性肥料技术，也将在持续农业中得到广泛使用。在持续农业中，我们应当优先选择高效且无毒的生物产品，采纳创新的种植、灌溉、施肥和喷药方法，并选择高产、低消耗、高净收益的作物品种，同时要有抗病虫害的特性，并尽可能使用高效、低毒、低残留的化学方法进行防治。

第九章　信息化背景下的
农业管理创新

第一节　大数据支撑农业监测预警

一、农产品网络化监控与诊断

随着科学技术的日益创新，人们生活水平的不断提高，以及人们对网络的广泛应用，网络营销已经成为一种新型的销售方式。网络营销是以计算机网络为媒介和手段而进行的市场推广活动，是21世纪最有代表性的低成本、高效率的全新商业模式之一。

农产品网络营销在瞬息万变的市场中是一项不可或缺的营销活动。通过网络，农产品销售者可以敏锐地捕捉到消费者的需求信息，以恰当的方式为消费者提供合适的农产品，在满足农产品消费者需求的同时，为农产品生产的提高和发展提供依据。通过高速发展的科技网络，农产品可通过与其他地区或者国家的农产品进行比较，找到自身的优势与劣势，在市场中长期处于

有利的竞争地位。

（一）产地环境监测

农产品产地环境是农业生产的基础条件，农产品产地安全是农产品质量安全的根本保证。农产品产地安全状况不仅直接影响到国民经济发展，而且直接关系到农产品安全和人体健康。一旦农产品产地被污染，具有隐蔽性、滞后性、累积性和难恢复等特征，所带来的危害将是灾难性的，主要表现在加剧土地资源短缺，导致农作物减产和农产品污染，威胁食品安全，直接或间接危害人体健康。近年来，由农药、肥料、激素、添加剂等农业投入品引起的农产品质量安全问题，已引起党和政府的高度重视和人们的普遍关注。同样，农产品产地环境污染导致的农产品质量安全问题已日益凸显，这一问题如不得到妥善解决，将严重影响农产品质量安全、危害人民群众身体健康、诱发群体性事件、危及社会稳定。所以，突出抓好农产品产地环境的监管和保护已刻不容缓。

1. 农产品产地的合理开发利用

农产品产地分为适宜生产区、警戒生产区以及禁止生产区。那么对于这几个区怎么去合理利用呢？

适宜生产区即产地土壤中重金属均符合国家标准，是适宜农作物生产的区域。对适宜生产区而言，一是建立基本农田保护区，切实加强农业产地环境的保护，防止点源、面源污染向适宜区的扩散和蔓延。二是加大农产品适宜生产区的无公害农产品产地认定，对认定的产地实行 GPS（Global Positioning System，全球定位系统）卫星定位监控管理。三是推广节水节肥节药技术、生态栽培技术，防控农业面源污染的产生。四是推广绿肥，实行水旱轮作，修复产地环境，提高土地生产能力。而对于农产品警戒生产区，即产地土壤重金属中轻度污染区域而言，一是对于重金属中轻度污染的耕地，推广重金属原地钝化技术，施用石灰、碱性磷酸盐、碳酸盐和硫化物等化学钝化剂或有机肥、腐殖质等有机钝化剂及化学有机钝化剂，络合、沉淀和固定土壤重金属，降低土壤重金属的生物有效性。二是推广重金属低吸收的蔬菜、水稻、水果和茶叶品种，降低农产品中重金属的含量。三是加强土壤的水肥耦合调控，改善耕地氧化还原电位，创造作物低吸收重金属的田间环境。四是加强生产区农产品重金属含量快速检测，实时监控农产品重金属的含量，并实行基地准出。

对于农产品禁止生产区，即产地土壤重金属重度污染区域而言，一是在食用农产品禁止生产区域，设立禁止生产标识，禁止生产蔬菜、水果、茶叶、粮油等食用农产品，对区域内生产的食用农产品就地销毁，禁止高污染的食用农产品上市销售。二是切断食用农产品供应链，改种棉花、麻类非食用经济作物或观赏林木、花卉等，并切实加强非食用棉麻作物秸秆和观赏林木花卉修枝落叶的无害化处理，防止对周围环境的污染。三是对重金属污染十分严重的耕地切实加强区域综合治理和生态修复，防止污染向周围扩散和蔓延。

2. 适宜生产区的监控和保护

采取的主要监控手段是巡回检查。首先我们要建立乡村两级农业产地环境巡回检查制度，加强对工矿企业和城镇废水、废渣、废气集中排放点的在线实时监控。每月组织农产品质量安全监管员和监督员，以村为单位，重点对农产品生产基地、乡村交通要道、村组污水管网、农田沟渠、畜禽养殖场进行 2～3 次巡查，及时发现化肥农药、畜禽粪便、农作物秸秆、农村生活污水垃圾对农业产地环境的污染问题，将巡查情况如实记录汇总、上报审核、及时公示。严肃查处工矿企业和城镇"三废"向农业生产基地排放行为，防控农业面源污染的产生和蔓延。再者要强化产地环境保护措施。一是加大对污染企业的整治力度，严禁工矿企业和城镇向农产品产地排放或倾倒废气、废水、废渣和堆放、贮存、处理固体废弃物，对于污染严重的工矿企业，依法按照"关停一批、淘汰一批、治理一批"的原则进行整治，以杜绝或减轻

工矿企业及城镇对农业产地环境的污染。二是提高工矿企业准入标准，停止污染企业特别是重金属污染企业的立项审批，防控新的工矿污染源产生。三是推广作物测土配方施肥和病虫害专业统防统治技术，加强畜禽粪便、作物秸秆的资源化利用和农村生活污水、垃圾的无害化处理，强化农业面源污染源头防控。

3. 农产品产地已污染区域的治理和修复

首先，加强农村生活污染治理。在加强工矿企业和城镇点源污染综合治理的基础上，大力推进农村清洁工程建设。一是以村为单位，加强户间路整修、组间路整修和生活污水管网连通，切实改善农村人居生活环境和防控农户污水随意排放。二是按照城市社区管理方式，加强农村生活污水净化池、废弃物发酵处理池、农业废弃物收集池和村级物业管理站建设，全面治理农村生活和农业生产污染。三是加强乡镇垃圾收集清运中转站、村级垃圾收集点、农户门前垃圾桶等环卫设施的建设、管理、运营与维护，共建乡村清洁美好家园。其次，加强农业废弃物污染治理利用。大力推行作物秸秆和畜禽粪便无害化处理与资源化利用，达到农业废弃物资源循环利用的目的。一是禁止焚烧作物秸秆，全面实行作物秸秆就地还田或青贮过腹还田，推广利用作物秸秆制作堆肥和秸秆制气、发电及资源化综合利用，重点治理作物秸秆滥烧乱弃所造成的农业产地环境污染。二是推行垫料发酵床养猪技术和畜禽粪便无害化处理，大力推广"猪—沼—菜""猪—沼—鱼""猪—沼—稻""猪—沼—果"等生态农业模式，使畜禽粪便在农业生态系统中得到良性循环和高效利用，治理畜禽粪便对农业生态环境的污染。三是大力实行农业清洁生产，每个农产品生产基地根据规模大小兴建 1～2 个农业废弃物收集池，定期收集农业废弃物特别是农药的塑料包装袋和农药瓶，并定期分类和无害化处理，治理田间地头乱扔乱弃农业固体废弃物所造成的农业产地环境污染。最后，加强农业面源污染治理。大力加强对农业氮磷富营养化水体污染的阻控、拦截和净化，全面提高农业面源污染治理水平。一是大力推广和普及农业节肥、节药、节水生产技术，防止农药化肥等农业投入品的滥施乱用和农业用水的滥灌乱排。二是在农业生产基地的田块周围建立生态种植和农业生产污水拦截回流渠，在生态廊道和拦截回流渠中配置高富集氮磷的水生植物，对农业生产污水实行第一次阻控。三是在拦截回流渠与农业湿地之间兴建前置库塘，在库塘中配置高富集氮磷的水生植物群落，对农业生产污水实行第二次拦截。四是在前置库塘和流域水体之间，兴建规模适度的农业湿地，充分发挥水生植物和微生物的水体净化功能，对农业生产污水实行第三次净化。

4. 农产品产地环境监测质量管理工作的意义及影响因素

质量管理就是为确定质量方针、目标和职责，在质量体系中通过质量策划、质量控制、质量保证和质量改进，使其实施全部的管理职能活动。环境监测工作质量是指与监测结果有关的各项工作对监测结果质量的保证程度。提高监测结果质量的前提是提高监测工作质量，衡量监测工作质量的指标包括质控数据的合格率、监测结果的产出率、仪器设备的利用率和完好率以及监测事故的出现率、应急监测能力等。同时，影响监测工作质量的还有一些隐性因素，如农产品产地环境监测人员的职业道德水平和爱岗敬业精神等。这就要求监测工作的领导者提高管理水平，不仅要搞好显性影响因素的管理工作，更要注重搞好隐性因素的管理工作，使所有参与农产品产地环境监测的人员能共同努力，积极提高监测工作质量。

（二）风险预警

我国农产品生产已经基本结束了供给不足的短缺局面，农产品已经由卖方市场转向买方市场。供求态势的变化，导致市场竞争日益激烈，市场风险不断出现。加入世界贸易组织后，农产品生产者则面临更大的农产品市场风险。农产品市场风险既包括损失的不确定性，也包括获利的不确定性，这一风险的管理主要靠提高管理水平来化解。为此，需要引入新的管理理念、管理手段和管理方法，以实现农产品市场风险管理的创新，研究农产品市场风险预警管理是搞好农产品市场风险管理、缩短农产品供求宏观调控时滞以及稳定和提高农民收入的需要。

尽管我国农产品质量安全的风险防控建设已启动，然而农产品生产过程涉及的风险警源复杂，既受生态环境、生产资料的安全性影响，也与农户的自身禀赋相关，加之我国地域辽阔，不同地区、不同产品的风险存在差异。在加强农产品质量安全的风险预警体系建设的同时，不仅是农产品质量安全的保障需要，也是食品源头污染控制的需要。农产品质量安全的风险主要产生于生产（养殖、种植）环节，过程控制需要抓住关键控制点，采取危害分析和关键控制点的管理理念，切实摸清农产品风险点，是预警防控的根本。狠抓源头治理和强化末端约束，能够为农产品质量安全风险管控实现"双保险"。源头治理主要是杜绝不合格农资和假冒伪劣农资进入生产环节。严厉打击销售假冒伪劣农药、兽药的行为，加大买卖双方的违法行为惩处力度，对高毒剧毒农药实行以乡镇为基础的定点销售制度，经营者必须具有相关销售许可证，并对购药者进行详细登记，建立销售档案，实现高毒剧毒农药的市场可追溯。末端约束主要是强化农产品的残留检测及市场准入关。在农产品主产区建立风险监测调查点，及时通报预警信息，实行农产品残留必检制度，对于质量不合格、农药残留超标的农产品，杜绝进入市场，开展"技术部门+农户（专业合作社）+超市"模式，与农产品生产者和城镇超市共同协作，实施"无污染农产品"产销一体化。

二、农资质量安全追溯系统

随着经济社会的快速发展，农资市场呈现供需两旺、品种丰富、地域广阔的特点，而农资进销渠道混乱、产品质量良莠不齐的问题仍然不同程度地存在，对工商部门的监管工作提出了新的要求和挑战。

农资溯源管理系统是基于识别技术有针对性地开发的系统，以确保企业快速、准确、实时采集到质量信息，从而可以实现对农资的全生命周期的追踪管理。确保农药"身份证"覆盖每一瓶农药、每一包化肥、每一斤种子，并使其安全无害、"行迹"可查。例如，农民买了一瓶农药，这瓶药的所有信息都会在系统中产生记录，包括生产厂家、经销商、零售商和购买者，如果出了问题，责任主体一目了然。

（一）什么是农资溯源管理系统

农资是农业生产不可缺少的生产资料，直接关系着农产品的质量安全，直接影响农民的切身利益。因此，强化农资市场监管，保障农资商品质量安全，对实现粮食增产、农民增收，维护农村和谐稳定，至关重要。

农资溯源管理系统给所有产品的最小销售单元赋予监管码，以一、二维条码和数码混合的方式体现，在生产过程进行赋码。农资溯源管理系统通过监管码记录每件产品的生产日期、批号及原料来源、质检报告等生产相关信息，使用数据库进行储存。产品在出入库时将监管码激活，并上传到监管平台，在流通过程中通过扫描、电话、录入监管码方式查询生产日期、保质期、商品真伪、销售去向等信息。当出现质量问题时，可以根据监管码带有的生产信息追查原因，还可以根据监管码对应的发货信息检查市场是否有窜货现象等。明确适当的质量控制点进行实时快速采集质量信息，并快速反馈，保证整个生产、流通过程符合产品质量标准。

（二）农资溯源管理系统的优势

通过农资溯源管理系统，农资执法监管部门可对农资生产经营主体和产品进行网上实时审核和监管；农资生产经营公司可及时地了解农资产品的合法性，并能迅速查询公司内部农资产品的进、销、存情况；普通用户可根据产品分类、关键词等搜索农资生产经营公司和农资产品的相关信息。该系统使农资产品真正实现可追溯、可召回，从源头保障了农产品质量安全，维护了消费者权益。

农资溯源管理系统的优势具体体现在：第一，农资溯源管理系统能保证农资产品的可追溯性；第二，农资溯源管理系统能提高生产企业管理效率，减轻农资管理工作强度；第三，农资溯源管理系统运用信息化技术实时监控农资库存信息；第四，农资溯源管理系统进一步规范农资防窜货管理流程；第五，农资溯源管理系统提升农资市场销售，促进与消费者互动。

（三）农资溯源管理系统的价值

农资产品监管的信息化程度与食品安全监管相比，有较大差距。例如目前预包装食品大都有条形码，通过查询条形码，就可及时了解食品相关信息，但农资产品绝大多数没有条形码（或识别码），仍然需要监管人员通过查询进销货单据，以现场人工比对的方式，实现溯源监管，耗时而费力。要实现农资商品"每一品种、每一批次、每一环节"精确追溯监管的目标，应把监管系统的建设重点，放在建立农资商品目录库和农资商品识别码这两个方面。第一，建立完备的农资商品目录库。为解决目前农资产品品种繁多、含量不一、规格不同的情况，需要建立一个至少覆盖全省的农资商品目录库，这个数据库由两部分构成：一部分是农资商品基本信息，主要包含农资商品的名称、类别、规格、保质期、商标、生产企业和产品外包装图片等基本信息。另一部分是农资商品对应的票证信息，主要包括生产企业营业执照、生产许可证和相关批次农资商品的质量检验报告等图片文件。票证信息主要由一级批发商（指从厂家直接购买或者从外省经销商处购买农资的批发企业）对应农资商品目录库中的农资商品进行上传，并由工商所工作人员进行审核；审核通过的票证，系统会导入目录库中，并在全省范围内实现共享。下级经销商在购进相应批次农资商品前，可登录系统查询、下载上级供货商的经营资格证明（从农资监管系统的农资经营主体数据库中查询）和农资商品的票证信息。如果系统无法查询到对应批次农资商品的票证信息，下级经销商应要求上级供货商及时上传相关票证，并且在核实相关票证审核通过后，方能进货。工商执法人员在日常监管中，可将现场检查情况与经销商进出货单据以及系统信息进行比对，对未依法履行索证索票制度的经销商进行督促或查处，以此形成倒逼机制，促使各级经销商，特别是一级批发商及时上传票证，从而在全省范围内实现票证共享。第二，建立齐全的农资商品流通识别码。针对农资商品大都没有条形码或二维码等识别码（以下简称农资商品流通识别码）的现状，可根据"对应农资商品目录库，按照产品批次赋予农资商品流通识别码"的监管思路，让每一批次的农资商品形成可识别的特性，实现农资商品的精确追溯。农资商品流通识别码，由农资主体识别码、商品信息代码及商品批次信息三部分组成，初步设定 17 位（根据识别码的发展趋势，以后可以升级为存储信息更为丰富的二维码）。其中，农资主体识别码 4 位，由字母和数字组成，通过农资监管系统对应农资经营主体数据库自动生成，一户一码，具有唯一性；商品信息代码由 7 位数字组成，第一位数字代表农资监管分类，例如，1 代表肥料、2 代表农药、3 代表种子、4 代表农机具、5 代表农膜，剩余 6 位为该类农资中具体产品的流水号，由农资监管系统对应农资商品目录库的商品品种自动生成，一品一号，确保在全省范围内的唯一性（依据目前农资市场规模，初步设定了 6 位农资产品流水号，可涵盖 99 万种不同品种、规格、含量的农资商品）；商品批次信息由 6 位数字组成，对应该批次商品的生产日期（年、月、日各占两位），由一级农资批发商根据产品批次信息录入。17 位数据的生成，可有效实现对农资商品相关信息的精确锁定。在日常监管工作中，监管人员只需运用移动巡查终端设备（如 POS 机）对条形码（或识别码）进行现场读取，即可对相关品种及批次农资商品的监管信息一目了然，做到精确查询，对于进一步提高监管效能大有裨益。

农资溯源管理系统的价值在于：第一，生产过程信息化管理，实现生产实时可视化；第二，农资溯源管理系统能提高物流作业效率，追踪每件产品的流向；第三，农资溯源管理系统能透明化管理产品流通过程，预见产品的流向；第四，农资溯源管理系统能透明化管理产品流通过程，物理防伪与信息防伪相结合，防伪与打假轻松实现；第五，仓库智能终端的应用，实现了仓库精细化管理及全程追溯。

三、农产品质量安全追溯体系

随着农产品贸易全球化的迅速发展，农产品质量安全已不仅涉及人类健康、生命安全，也关系到国家经济发展、社会稳定。随着消费者风险意识和自我保护意识的提高，农产品质量安全问题对社会经济发展所产生的负面影响的扩大以及世界贸易组织协议的作用，使得各国政府对农产品质量安全管理体系的构建和完善空前重视。研究我国农产品质量安全管理体系的建设，对于保障消费者身体健康，促进我国现代农业的发展，增加农民收入，提高农产品在国内外市场的竞争力等方面均具有十分重要的意义。

农产品质量安全追溯体系是针对食品安全而来的，简单地说就是产品从原辅料采购环节、产品生产环节、仓储环节、销售环节和服务环节的全周期管理。也就是说市民购买一个产品后，通过扫描产品上的追溯条码，就能查到农产品的产地、上级批发商和下游零售商。一旦出现食品安全问题就可以快速逐级排查，为消费者的菜篮子加上一道"安全锁"。

（一）我国的农产品质量安全管理体系

质量安全管理体系是指在质量方面指挥和控制组织的管理体系，通常包括制定质量安全方针、目标以及质量安全策划、质量安全控制、质量安全保证和质量安全改进等活动。实现质量安全管理的方针目标，有效地开展各项质量安全管理活动，必须建立相应的管理体系，这个体系就叫质量安全管理体系。农产品质量安全管理体系是一个涉及多部门、诸多控制环节的综合管理体系。当前，随着新形势的发展，我国的农产品质量安全管理体系已初步形成，包括农产品质量安全监测体系、安全法律法规体系、安全标准体系、安全认证体系和保障体系等。

从发展脉络看，农产品质量安全管理体系的研究大致分为四个发展阶段，即农产品质量管理起步阶段、农业标准化阶段、农产品质量安全管理阶段和农产品质量安全体系初步构建阶段。在农产品质量管理起步阶段，主要研究提高农产品质量内涵和实质、提高农产品质量的意义、影响农产品质量的因素和提高农产品质量的方法等，这一时期的研究更多地从生产和技术角度出发，探讨提高农产品质量的途径，没有涉及农产品质量安全问题。在农业标准化阶段，研究主要围绕农业标准化的意义和作用、农业标准化与农业现代化、农业标准化与农业产业化以及农业标准的制定进行，也很少涉及农产品质量安全问题。在农产品质量安全管理阶段，研究者开始从影响农产品质量安全的各个环节入手，从全面质量管理和信息不对称理论入手，研究农产品市场上的质量信号的传导和提高农产品质量安全的基本原则和途径。

（二）完善农产品质量体系的对策建议

1. 健全国家的监管组织体系

无论是相对分散管理还是相对统一管理模式，都非常注重多部门之间在监管领域以及环节上的分工明确和协调一致。在我国，涉及农产品安全监管的机构也很多。目前对农产品安全的监督管理职责主要是按照监管环节划分，即一个监管环节由一个部门监管，以分段监管为主，品种监管为辅。这种由处于同一权力水平的不同部门分段管理的管理模式，由于缺乏相互沟通与衔接，加之各部门执行各自的部门法规，难以满足人们对农产品质量监管的要求。尤其食品药品部门的监管权威性不够，其他部门的管理职能交叉、管理缺位、职责不清和政出多门的问题长期没有得到有效解决。因此，必须进一步理顺农产品安全监管职能，明确责任，将现行的"分段监管为主、品种监管为辅"的模式逐渐向"品种监管为主、分段监管为辅"的模式转变，形成以农业部门和食品药品监管部门为主，其他部门履行相关职责并且加强相互配合的"分工明确、协调一致"监管组织体系。

2. 完善质量标准体系

完善的农产品安全质量标准体系，是保证农产品质量，提高农产品安全，参与国际竞争的基础性条件。目前，我国农产品安全质量的相关标准由国家、行业、地方和企业等四个等级的标准构成，而且都为强制性标准。在标准化监管方面，这些年有较大的改进，企业农产品安全水平明显提高。政府有关部门应借鉴国外发达国家在这方面的经验，分析国际农产品安全质量标准体系，加紧研究和制定适合我国的农产品安全质量标准体系，包括农产品本身的标准、加工操作规程等各项标准，以及标准体系的协调和统一。建立科学、统一、易于实际操作的农产品安全质量标准体系是解决当前农产品市场秩序、改善农产品安全质量的前提，同时也便于与世界接轨。

3. 规范检测检验体系

建立合理的农产品检测体系是有效控制农产品质量安全的关键。规范合理的检测体系需要制定农业加工业检测标准，完善农产品供应链各环节的检测，建立并完善农产品各级检测体系的管理，开展检验检测技术科学研究。此外要提高认识，科学定位监测体系，合理规划，发挥监测体系作用，创新机制，拓展监测服务领域，增加投入，提高监测能力水平以及加强培训，提高监测队伍素质。

4. 严格质量认证体系

遵守国际通用规则，因地制宜地制定适合本国的农产品质量安全管理与技术政策。严格源头治理、过程控制、全程服务，农产品生产者是农产品质量安全管理的重点；满足消费需求，降低生产成本，提高生产效益是农产品质量安全管理的目的。在认证制度上，要不断完善农产品认证法律法规建设，强化制度保障；借鉴多元化农产品认证制度，实施强制性农产品认证；坚持政府推动为主，加大财政投入力度；积极签订多边互认协议。

5. 完善法律法规体系

我国要加强与国际农产品法典委员会的合作与交流，明确各政府部门、农产品生产企业在农产品安全方面承担的义务和责任，明确农产品生产者、加工者是农产品安全的第一责任人。政府各部门通过对农产品生产者、加工者的监管，监督企业按照农产品安全法规进行农产品生产，并且在必要时采取制裁措施，最大限度地减少农产品安全风险，把农产品卫生提升到农产品安全的高度。

第二节　电子政务提升农业管理能力

一、农业电子政务平台

目前，农业和农村信息化建设是我国发展现代农业、推进乡村振兴工作中的一个热点，我国农业和农村信息化网络服务平台建设更是一个方兴未艾的新兴领域。虽然全国农业和农村信息化已走过十几年的路程，并且取得了一些可喜的成绩，但仍然处于初级阶段，离我国经济快速发展的要求和广大农民的需要还有很大的距离。尤其是涉农信息资源开发利用，一直是我国农业和农村信息化的薄弱环节，区域涉农信息资源不能共享、信息资源配置不合理的问题十分突出。

在发展现代农业、推进乡村振兴的历史进程中，针对我国农业和农村信息化网络信息服务的现实需求，采用何种农村信息网络服务平台建设方案来整合和共享涉农信息资源，为涉农政府部门提供共享的电子政务平台、为涉农经济组织搭建安全可靠的电子商务平台和为农民群众创建综合信息共享服务平台，是当前农村信息化理论研究和实践的重点。

（一）农村电子政务的概述

电子政务是政府机构为了适应经济全球化与信息网络化的要求，自觉应用现代信息技术，将政务处理与政府服务的各项职能通过网络实现有机集成，并通过政府组织结构和工作流程的不断优化和创新，实现提高政府管理效率、精简政府管理机构、降低政府管理成本、改进政府服务水平等目标。我国是一个农业大国，农业是国民经济的基础，通过电子政务建设不仅可以促进农业经济的发展，还可为农业经济构建良好的发展平台。电子政务运用现代信息技术，将管理与服务通过信息化集成，在网络上实现政府组织结构和工作流程的优化重组，超越时间、空间与部门分割的限制，可以全方位地向社会提供优质、高效、规范、透明的服务，为行政决策提供充分的信息和数据支持。

在围绕服务"三农"，构建电子政务平台工作中做了一系列的探索和尝试。

首先，借助数字农业网络，建设政务公开平台。随着改革开放的深入，政府的职能也在改变，由过去的"管制型政府"向"服务型政府"转变。政府的职能主要是服务、管理和保障。近年来，政府围绕透明型机关建设，着手建设电子政务平台，力求把政府工作运作过程公布于众，随时接受群众的监督。

其次，要加强廉政建设，构筑监督平台。网络能够使信息传递不受时空阻碍，因此政府门户网站正在成为公众参政议政、参与监督的主要窗口。在当前社会，加强政府部门的廉政建设，积极借助政府门户网站的作用，进行民主监督，是扩大公众民主参与的一种有效方式。近年来，我们结合农业工作实际，利用政府门户网站构筑监督平台，探索在新形势下公众监督的新途径。将农资信用、农经管理、农村财务、农村土地管理档案搬上农业网，建立透明、公正、查询快捷的监督平台，使政府机关和农村基层组织的各项工作置于群众严格的监督之中，有效地提高工作的透明度和工作效率，充分发挥网络在推行和实施公平、公正、廉洁政府中应有且不可替代的作用。

再次，提高机关效能，推行办公自动化。政府部门办公自动化系统应以公文处理和机关事务管理（尤其以领导办公）为核心，同时提供信息通信与服务等重要功能。

最后，确保网络安全，强化内部管理。网络安全可靠是电子政务工程正常运转的关键。要认真贯彻落实国家、省、市关于电子政务网络安全的要求，按照积极防御、综合防范的方针，制定网络安全管理办法，建立电子政务网络与信息安全保障及数据灾难备份体系。从硬件、软件两方面保证电子政务网络安全，管理上明确权限划分，重要内容和资料非管理员不能访问，保证网络安全运行。

（二）农业电子政务的特点

与传统政府的公共服务相比，电子政务除了具有广泛性、公开性、非排他性等公共物品属性外，还具有直接性、便捷性、低成本性及平等性等特征。

我国农业生产和农业管理的特点决定了我国非常有必要大力推进农业电子政务建设。我国与发达国家相比，在以市场为导向进行农业生产、农产品的竞争地位等方面还有相当大的差距。通过大力发展农业电子政务，农业生产经营者可以从农业信息网及时获得生产预测和农产品市场行情信息，从而可实现以市场需求为导向进行生产，增强生产的目的性，提高农产品的竞争地位。大力发展农业电子政务还可以从根本上弥补当前我国农业管理体制的不足，实现各涉农部门信息资源高度共享，共同为农业生产与农村经济发展服务。

（三）农业电子政务的应用

我国是农业大国，农村人口多，在地理分布上十分分散，人均耕地少，生产效率低，抗风险能力差，农产品在国际竞争中处于劣势地位。目前，我国农业正处于由传统农业向现代农业转变的时期，对信息的要求高，迫切要求农业生产服务部门能提供及时的指导信息和高效的服务。与传统农业相比，现代农业必须立足于国情，以产业理论为指导，以持续发展为目标，以市场为导向，依靠信息体系的支撑，广泛应用计算机、网络技术，推动农业科学研究和技术创新，在大力发展农业电子商务的同时，还应发展农业电子政务，以推动农产品营销方式的变革。

二、理论基础

随着信息技术的高速发展，电子政务现已成为现代信息技术中最重要、最普遍的应用之一，成为信息化时代政务工作的新方式，展示了农业个性化管理的新途径，是破解农村管理难题的新手段。

（一）电子政务是信息化时代政府工作的新方式

电子政务的出现促使政务流程发生改变，权力再分配，对传统的政务产生了巨大的影响。

电子政务使政府办公效率明显提高，管理成本显著下降。电子政务的出现提高了办公效率，节约了政府办公费用的开支。政府通过办公网络直接与公众沟通，及时收集意见，有效提高了政府的反馈速度，降低了政府的管理成本。

电子政务使政府运作公开透明，工作流程优化，服务功能增强。电子政务的出现在一定程度上遏制腐败行为的发生，改变人治大于法治的现象，提升了公众对政府的有效监督；电子政务优化了政府工作流程，促使政府机构精简合理，有利于解决职能交叉、审批烦琐等问题；电子政务推动传统政府由管理型向服务型转变，政府职能由管理控制转向宏观指导。

电子政务使政府信息资源利用充分合理。电子政务的出现使得政府各类信息资源能够共享互联、统筹管理和综合利用，避免资源闲置、重复与浪费。电子政务共享的信息资源更易存储、检索和传播，共享的范围和数量更大，有效支持政府的决策。

电子政务使政府监管能力提升，管理范围增广。电子政务的出现实现快速、跨地域、大规模的远程数据采集和分析，实现跨地域信息的集中管理和及时响应，增强了政府的监管能力。

（二）电子政务是展示农业个性化管理的新途径

我国农业生产和农业管理类型多，差别大，在以市场为导向进行农业生产、农产品的竞争地位等方面还存在不足。通过发展农业电子政务平台，农业生产者、经营者可及时获取相关信息，使生产经营更具有效性，更有竞争力。

推进农业电子政务，是引导农业产业结构调整的重要措施。电子政务引导农业和农村经济结构战略性调整，加强农产品市场价格、供求等各类信息的采集、处理、发布，打通信息传播渠道，有助于增强广大农户和企业获取信息和应用信息的能力，优化生产结构，避免生产经营的盲目性和趋同性，提高经济效益，促进农民增收。

推进农业电子政务，是发展现代农业的必由之路。我国幅员辽阔，地区间差异较大。发展现代农业应从资源与市场两个基点出发，发挥农产品区域和产业布局优势，强化市场在农业资源配置中的作用。广泛使用农业电子政务，依靠信息体系的支撑，利用计算机和网络技术，立足于国情，以产业理论为指导，以持续发展为目标，以市场为导向，推动农业科学研究和技术创新，助推农产品营销方式的变革。

（三）电子政务是破解农村管理难题的新手段

当前，农村信息基础设施不完善，信息资源不透明，定位服务缺乏导向，且由于农民居住分散容易造成管理真空，电子政务为解决这些难题提供了新手段。

电子政务有助于促进农村公平管理。电子政务增强政府公共信息的透明度和公开性，农民可以很方便地了解基层政府的工作，可以提出自己的意见；基层政府也可以及时真实听取农民群众的意见和建议，不断修正和完善农村发展规划，既保证决策的科学性和正确性，又调动广大农民群众参与社会主义新农村建设的热情。

电子政务有助于推动农村文明建设。电子政务让农民可以及时、准确地了解政府各项政策法规，同时可以学习先进文化及相关科学技术，既丰富了农民的文化生活及农业知识，又培养了农民积极向上的心态，使农民更自信，使农村风气正、干劲足、人心齐。

电子政务有助于提高基层行政效率。电子政务促使政府削减不必要的机构，理清人员职责，提高政府行政效率。政府使用电子政务进行无纸化办公，加快了业务办理速度，降低了机构和人员成本，减少了传统办公设备和人员的费用，成为连接基层政府之间的桥梁，有助于实现资源共享和农村资源整合。

三、工作实践

我国大力推进政务信息化，实施"金农工程"引领信息化深入农业管理，应用农业应急管理系统提高抗灾减灾效能，建设农业电子政务平台提升管理水平，采用多种管理系统助推政府管理高效准确，推动了电子政务的发展。

（一）"金农工程"实施改进了农业管理方式

"金农工程"的目的是加速和推进农业和农村信息化，建立"农业综合管理和服务信息系统"。

"金农工程"按照建设社会主义新农村的要求，加强农业电子政务建设，建立并完善农业农村经济监测管理服务信息系统，增强农业部门的经济调节和市场监管能力，建立适用于我国农村的大型公共信息服务系统，巩固扩大各级政府农业农村信息化的工作成果，加强农业部门内部信息整合，推进跨部门农业信息共享和业务协同，提高农业信息资源开发利用水平，消除"信息孤岛"现象，进一步提高农村网络覆盖率，建设一支素质较高的信息研发、管理、服务队伍，推进普遍服务，以便于逐步缩小城乡"数字鸿沟"。

"金农工程"以服务为目的，以应用系统建设为核心，以信息资源开发、整合为基础，以国家电子政务网络为支撑；发挥国家农业综合门户系统的对外窗口和对内桥梁作用，建设具有农业农村特色的网络延伸系统。

"金农工程"建设的主要内容是构建三类应用系统，开发两类信息资源，强化一个服务网络。即建设农业监测预警系统、农产品与生产资料市场监管信息系统、农村市场与科技信息服务系统；开发整合国内、国际农业信息资源；建设延伸到县乡的全国农村信息服务网络。具体建设主要包括：建设国家农业数据中心、农业科技数据分中心以及国家粮食流通数据中心，并且在省级农业部门和粮食部门建立数据中心，通过两级数据中心的建设，形成立体的、成规模的信息资源存储、备份、处理及交互的场所。

（二）应用农业应急管理系统提高了抗灾减灾效能

当前，我国已进入信息化推动农业现代化的新时期。充分利用信息技术完善应急管理手段，提升应急管理能力水平，提高抗灾减灾效能，成为改进和加强农业应急管理的当务之急、保障和推动现代农业发展的现实需要。

为推进我国农业现代化，就需用现代物质条件装备农业，用现代科学技术改造农业，用现代经营方式管理农业，不断提高农业信息化水平。农业应急管理信息化建设是农业信息化的重要组成内容，是推进现代农业发展的重要手段，加快农业应急管理信息化建设，全面提升农业应急管理能力，最大限度地减少自然灾害和重大突发事件给农业造成的损失，为农业现代化发展保驾护航。

（三）建设农业电子政务平台提升了管理水平

电子政务平台为政府部门按需提供资源，是一系列电子政务服务和信息的集合，能够让政府统一调动，提升了管理水平。

电子政务体系可以分为电子政务核心服务层、电子政务服务管理层、通信网络层。电子政务核心服务层主要包括电子政务基础设施服务、电子政务平台服务和电子政务软件服务三层。电子政务服务管理层主要包括政务质量管理和安全管理等，保障电子政务核心服务的可靠性、安全性等。通信网络层主要为用户提供网络接入服务，实现访问，用户通过通信网络层连接政府的云平台获取所需要的服务，保障通信的畅通和信息的对称。

在电子政务中引入云计算，将电子政务信息进行统一整合。电子政务将分布在不同地理位置的信息资源集中统一在"云"中，建立统一远程的访问接口界面或者访问端口，有效地将各项信息资源整合在一起，有利于信息共享。各种分散的信息资源通过云计算集成为电子政务数据库，最终整合成为统一的数据中心，有效地减少电子政务建设费用和维护费用，减轻政府财政负担。各个政府部门可以通过"云"资源获取自己需要的信息资源和服务，用户也可以按需访问和索取，节约成本，有效地避免资源浪费等现象。

电子政务平台促使电子政务形成统一服务器集群。电子政务平台将各级政府部门的服务器统一在数据仓库中，形成统一服务器集群，政务部门可以使用统一的平台，实现统一安全管理。电子政务平台也可以共享所有设备的安全防护能力和检测能力，主动对一些风险和隐患进行监测，并且主动地修复某些系统存在的漏洞，实现电子政务的主动安全防护，有效地提高电子政务的安全能力。

实现数据共享，信息畅通，交流无障碍。电子政务平台构建统一的内部数据库与内部信息交换平台，可使各个数据库中的数据充分共享，最大程度地提高政府内部的信息共享能力与信息交互能力，充分整合电子政务的内部资源，有效地解决电子政务中存在的"信息孤岛"与信息共享不畅等问题。

（四）多种管理系统应用助推了政府管理精准高效

电子政务所包含的内容极为广泛，几乎囊括传统政务的各方面。根据国际电子政务和我国电子政务近年来的发展实践，电子政务的模式可大致归纳为政府间电子政务模式、政府—商业机构间电子政务模式和政府—公民间电子政务模式三种模式。

1. 政府间电子政务模式

政府间的电子政务是上下级政府、不同地方政府、不同政府部门之间的电子政务。该模式包含了电子法律法规政策系统、电子公文系统、电子财政管理系统、电子培训系统、网络业绩评价系统、政府内部网络办公系统等。

电子法律法规政策系统。该系统为所有政府机构及其工作人员提供现行有效的各项法律法规、规章、行政命令和政策规范，实现资源共享，使政府工作人员能够快速方便地查找到开展工作所需的法律法规，提高工作效率，降低运行成本。

电子公文系统。该系统在保证信息安全的前提下在政府上下级、部门之间传送有关的政府公文，如报告、请示、批复、公告、通知、通报等等，使政务信息快捷地在政府间和政府内流转，提高政府公文处理速度。

电子财政管理系统。该系统向各级国家权力机构、审计部门和相关机构提供分级、分部门历年的政府财政预算及其执行情况，便于有关领导和部门及时掌握和监控财政状况。

电子培训系统。该系统为政府工作人员提供各种综合性和专业性的网络教育课程，以适应信息时代的需求，职员可以通过网络随时随地注册参加培训课程、接受培训，参加考试等。

网络业绩评价系统。该系统按照设定的任务目标、工作标准和完成情况，对政府各部门业绩进行科学的测量和评估。

政府内部网络办公系统。这个系统通过互联网络完成政府工作人员的许多事务性的工作，节约时间和费用，提高工作效率，如工作人员通过网络申请出差、请假、文件复制、使用办公设施和设备、下载政府机构经常使用的各类表格，报销出差费用等。

2. 政府—商业机构间电子政务模式

企业是国民经济发展的原动力，促进企业发展，提高企业的市场适应能力和国际竞争力是各级政府机构共同的责任。政府通过电子网络系统进行电子采购与招标，精简管理业务流程，提高办事效率，方便快捷地为企业提供各种信息服务，减轻企业负担，促进企业发展。该模式包含了政府电子化采购与招标系统、电子化工商行政管理系统、电子税务系统、中小企业电子化服务、综合信息服务系统等。

电子化采购与招标系统。该系统通过网络公布政府采购与招标信息，为企业特别是中小企业参与政府采购提供必要的帮助，为其提供政府采购的有关政策和程序，降低企业的交易成本，节约政府采购支出。

电子化工商行政管理系统。企业可通过该系统申请办理各种证件和执照，缩短办证周期，减轻企业负担，如企业营业执照的申请、受理、审核、发放、年检、登记项目变更、核销，统计证、土地和房产证、建筑许可证、环境评估报告等证件、执照和审批事项的办理。

电子税务系统。企业通过政府税务网络系统，在企业办公室就能完成税务登记、税务申报、税款划拨、查询税收公报、了解税收政策等业务，既方便了企业，也减少了政府的开支。

综合信息服务系统。政府将拥有的各种数据库信息对企业开放，方便企业利用。如法律法规规章政策数据库，政府经济白皮书，国际贸易统计资料等信息。

3. 政府—公民间电子政务模式

政府—公民间的电子政务模式是政府通过电子网络系统为公众提供各种服务，包含了电子信息服务、电子就业服务、电子教育与培训服务等。

电子信息服务。公众通过互联网可以快速方便地了解政府的工作动态及与自身利益有关的信息，政府通过在线评论和意见反馈可及时了解公众对政府工作的意见，改进政府工作。

电子就业服务。通过互联网向公众提供工作机会和就业培训，促进就业，提供与就业有关的工作职位缺口数据库和求职数据库信息，为求职者提供网上就业培训，就业形势分析，指导就业方向。

电子教育与培训服务。建立全国性的教育平台，并且资助学校和图书馆接入互联网和政府教育平台；政府出资购买教育资源然后提供给学校和学生，重点加强对信息技术能力的教育和培训，以适应信息时代的挑战。

农业农村部网站开通"全国农业办事查询服务"窗口，进一步贯彻落实国务院办公厅有关推动政务服务事项办理由实体政务大厅向网上办事大厅延伸，提升公开信息的集中度，方便公众获取的工作要求。该窗口充分聚合利用现有农业政务服务公开信息资源，用户通过选择、查询等简单操作即可进入各地网上大厅办事，变"群众跑腿"为"信息跑路"，为社会公众拓展了政府信息服务资源的获取方式，将进一步打破信息孤岛，有力促进农业行政部门在线服务效率与政务服务效能的提升。

四、应用成效

（一）电子政务推进了行政组织扁平化

电子政务精简了办公运作环节和程序，使得政府办公的层级降低，实现扁平化，提高政府的办公效率。

实行电子政务后，政府的行政组织结构产生较大的变化，表现为处于中间位置的管理层缩减，较大程度简化了行政运作的环节和程序。在传统方式下，群众的意见和建议，一般需要先经过信访部门处理，再经有关批示才能转到具体职能部门，最后将办理结果反馈，在这一过程中需要经过许多环节与程序。通过信息网络、电子政务平台，公众可以采用交互式的方式，直接将意见、建议反映到有关职能部门，并且能够与职能部门一起共同落实解决。以往人们到政府部门办事，须到各部门的所在地去，如果涉及各个不同部门，要盖不同的章，十分麻烦。实行电子政务后，虽然有些手续仍然需要有实物证明，但可以建立一个文件资料电子化中心，把各种证明或文件电子化。如果是涉及不同部门的文件，可以在此中心备案以后，其他各部门都以此为参照传送办理，这样可以节省人们大量的时间和精力，提高办事效率。

从政府内部的管理层面来看，在传统政务方式下，行政信息在上下各级政府的传递要经过烦琐的行政流程。而电子政务则突破了这种界限，上级的政令能够畅通抵达基层，基层的反馈也能迅速地向上传递，使得传统垂直组织中的中间层级信息传递功能被网络所替代，消除了信息源与决策层之间的人为阻隔，使信息传递迅速、及时，有利于避免在信息传递过程中引起的信息失真。在同级政府之间，地理边界和人为的本位观念的限制也会减少，政府内部能实现统一高效的指挥和管理。显然，信息技术在政务中的应用，将优化行政管理的组织结构，提高信息传递的速度和效率，大大减少行政运作成本。

（二）电子政务推动了管理公开透明

电子政务公开了政府的机构、职能、办事程序等，提高了工作的透明度。

在传统的行政体制下，由于信息传递工具的局限和信息传递渠道中的障碍，政府与公众之间、政府组织的上层与下层之间在信息的拥有上具有不对称性。电子政务通过网络和其他信息技术手段，使得公众和社会组织能够更好地了解政府的运作过程，政府和社会组织的交流和沟通更为快速便捷。

实行电子政务后，可以让公众行使对政府工作的监督权利，有利于廉政与勤政建设，建立高效、透明、公开与法治化的政府。电子政务的实行将使更多的政府信息向社会公众公开，政府在制定政策、做出重大决策过程中，可以通过网络让公众参与，让公众发表意见，让公众提出建议。公众也可以通过信息网络监督政府的运作，了解政府的工作进程和工作业绩，从而对政府的工作做出比较准确的评价，达到改进政府工作的目的。在传统政务中，由于政府机构的某些人员掌握了某种独特的权力，十分容易产生腐败和徇私现象。而在电子政务中，通过网络和信息系统进行办公，减少了办公过程对人员的依赖性，缩短了政府和公众的距离，加强了政府的透明度和开放性，有效地抑制了传统政务中的腐败和徇私现象。

（三）电子政务促进了政府信息资源整合

电子政务整合了政府信息资源，推动了政府信息资源对社会的开放，发挥了其巨大的社会效益和经济效益。

电子政务使政府信息资源利用更充分、更合理。电子政务使得政府各类信息资源数据库能够互联共享，也使得这些资源得到统筹管理和综合利用，从而避免资源闲置、浪费和重复建设。通过电子政务共享的信息资源更易存储、检索和传播，共享的范围和数量也更大，可以更有效地支持政府的决策。

电子政务实现政府资源公开，让相关数据和资料得以充分共享，降低收集、传播成本，发挥其社会效益和经济效益，促进经济的发展。例如，把各城市所有注册公司单位的情况在网上公布，企业在进行商业交往的时候，通过互联网的查询，就可以方便迅速地了解到对方的资信情况，可以有效地避免商业诈骗活动，保护商业者的利益。

电子政务的发展促进了整个社会的电子化和信息化，促进了信息产业的发展。电子政务不仅为电子商务和企业信息化提供了良好的支持环境和对接方式，而且也成为电子商务的服务对象和客户。在这个意义上，电子政务工程将成为社会信息化水平的重要标志和国内信息产业和服务业发展的关键动力之一。

（四）电子政务提高了政府决策质量

电子政务的建立和发展，为政府决策科学化提供有力的工具，提高了决策质量。

在传统行政体制下，由于只有处于高层的人才能掌握足够的信息，公众既无了解信息的便利，也无参与决策的权力，决策权一定程度上成为特权。而且按照西蒙的有限理性学说，信息的有限性直接影响到决策的质量，传统行政体制下，靠经验决策和决策信息不全导致的决策失误非常普遍，整体的决策质量不高。

随着信息技术的运用，决策信息不全、决策参与范围小和决策周期长等弊端将得到有效改善。信息的网络化传递、决策支持系统、专家辅助系统以及专业化的数据信息库的建立，支持和强化了决策过程，让决策所需要的信息来源更广，信息质量更高，从而大大改善了行政决策者的有限理性，提高公共决策的科学化水平；政府通过电子民意调查、电子投诉系统等多种方式，促进公众参政的兴趣，增加了决策的透明度和民主化程度；电子政务下新的流程设计将支持并强化决策过程，使决策程序化、规范化，缩短决策时间，提高决策的时效性，公众也可以通过网络及时了解政府相关决策的情况，参与、监督决策过程。

第三节　互联网助力农业质量安全管理

一、农产品质量安全概述

（一）农产品质量安全的含义

农产品质量安全是指农产品质量符合保障人的健康、安全的要求。安全意味着在生产过程、贮藏和运输、加工和销售等各个环节，各种有毒有害物质都得到了控制，农产品质量都达到了安全标准要求，不会给消费者本人、后代和环境造成危害和损失。狭义的安全仅仅指对消费者本人的健康而言，而广义的安全还应包括对后代、环境等方面的影响。无公害食品、绿色食品和有机食品是按照特定标准要求、采用特定方式生产出的质量安全的一类食用农产品。

发展无公害农业的目的之一，就是通过生产无公害农产品，确保农产品的质量安全。保障农产品质量安全是维护公众健康、促进农业和农村经济发展的要求。

（二）农产品质量安全的潜在危害因素

对农产品质量安全可能造成直接或长期影响的危害因素主要如下：① 农业种植、养殖过程可能产生的危害，包括因投入品不合理使用造成的农药、兽药、渔药、添加剂等有毒有害物质残留污染，以及因产地环境造成的污染和汞、铅、铬、镉等重金属毒物和氟化物等非金属毒物污染。② 农产品包装储运过程可能产生的危害，包括贮存过程中使用的保鲜剂、催熟剂和包装材料中有害化学物等造成的产品污染，以及流通渠道中导致的二次污染。③ 农产品自身的生长或发育过程中产生的危害，如农产品本身的天然毒素就是目前农产品所面临的危害之一。④ 农业生产中新技术的应用产生的危害，主要可能是由于技术发展或物种变异而带来新的危害。

（三）加强农产品质量安全的意义

全面加强农产品质量安全工作，是新阶段农业发展的一个主要任务，也是农业结构调整的重要内容，具有重要意义。

1. 有利于保护资源和生态环境

加强农产品质量安全工作，有利于促进农业可持续发展，走出一条发展生产和保护环境相结合的新路子，引导农业生产方式的变革。开发安全农产品，有利于保护生态环境和合理利用土地资源。

2. 有利于满足城乡居民对高质量食物日益增长的需求

按照优势农产品区域布局，以标准化、规范化生产为基础，组织农民生产市场所需要的优质安全农产品，是新时期农业与农村工作的重大任务。无公害农产品、绿色食品、有机食品均已建立起一整套较完备的标准体系，可以实现"从土地到餐桌"全程质量控制。

3. 有利于拓展生产领域，拉长产业链条，促进农业产业化发展

以创新的制度设计为核心的安全农产品生产和认证管理是农业向深度和广度拓展的有效载体，通过产品认证，密切了产业上下游间的利益联结机制，提高了农民的组织化程度和农业整体素质，强化了基地与企业、企业与市场的关联度，拉长了产业链条，促进了农业增效，带动了农民增收。所以，农产品质量认证是农业产业化经营的良好载体。

4. 有利于农业结构调整和新时期农业管理方式的变革

农业结构调整的核心是大幅度提高农产品质量，增加市场份额，促进农民增收。保障安全是对农产品质量的最低要求。

5. 有利于冲破"绿色壁垒"，扩大农产品出路，提升我国农产品国际竞争力

保证和加强农产品质量安全是适应经济全球化趋势、扩大农产品出口的当务之急。

加入世界贸易组织后，如何使我国的农产品在出口中适应遇到的越来越多的技术性贸易壁垒协定，在世界上占据应有的位置，是摆在我们面前刻不容缓的问题。然而，解决这个问题的关键是提高农产品的质量安全水平。

二、农产品认证

认证是指由认证机构证明产品、服务、管理体系符合相关技术规范、相关技术规范的强制性要求或者标准的合格评定活动。农产品认证是随着农产品生产、消费水平的提高和市场需求的变化而产生和发展的。当前，我国农产品认证主要以无公害农产品认证、绿色食品认证和有机产品认证为主。

（一）无公害农产品认证

无公害农产品侧重于解决由于环境污染，农药、兽药、激素和添加剂的滥用造成的农产品中有害物质严重超标的"公害"问题，使农产品质量符合国家食品卫生标准，禁止使用对人体和环境造成危害的化学物质，如农药、兽药、渔药和饲料添加剂等。

1. 无公害农产品的法规和标准

为了突出无公害农产品标准的重要性，便于有关部门和社会各界对无公害农产品进行监督和管理，以利于无公害农产品生产者、经营者和消费者识

215

别标准，农业农村部在原有行业标准框架的基础上，单独设立了无公害农产品行业标准及相应检测检验方法。除生产技术规范（包括饲养管理准则和加工技术规范）为推荐标准外，其他均为强制性标准。

为了全面提高农产品质量安全，搞好无公害农产品的质量控制，国家发布了《农产品安全质量标准》系列，包括《无公害蔬菜安全要求》《无公害水果安全要求》《无公害畜禽肉安全要求》《无公害水产品安全要求》《无公害蔬菜产地环境安全要求》《无公害水果产地环境安全要求》《无公害畜禽肉产地环境安全要求》《无公害水产品产地环境要求》等。

这些法规和标准分别对无公害农产品的产地环境、生产过程和产品质量提出具体要求，对农药、化肥和兽药提出使用规范，对生产、加工过程提出监控措施，在保证产地环境安全的基础上保证农产品质量安全。

2. 无公害农产品认证

无公害农产品认证管理机构为农业农村部农产品质量安全中心。农业农村部农产品质量安全中心负责组织实施全国的无公害农产品认证工作。根据《无公害农产品管理办法》，无公害农产品认证分为产地认定和产品认证，产地认定由省级农业行政主管部门组织实施，产品认证由农业农村部农产品质量安全中心组织实施；获得无公害农产品产地认定证书的产品方可申请产品认证。无公害农产品定位是保障基本安全、满足大众消费。无公害农产品认证是政府行为，认证不收费。

凡生产无公害产品目录内的产品，并且获得无公害农产品产地认定证书的单位和个人，均可申请产品认证。无公害农产品认证的一般程序是：申请产品认证的单位和个人（以下简称申请人），可以通过省、自治区、直辖市和计划单列市人民政府农业行政主管部门或者直接向农业农村部农产品质量安全中心申请产品认证并提交材料，经过文审、现场检查（必要时）、产品抽样检验、全面评审，合格者颁发证书，证书的有效期是三年。无公害农产品认证具体程序如下：

第一，满足条件的单位和个人，可以直接向所在县及农产品质量安全工作机构（以下简称"工作机构"）提出无公害农产品产地认定和产品认证一体化申请，并提交以下材料：①《无公害农产品产地认定与产品认证（复查换证）申请书》。②国家法律法规规定申请者必须具备的资质证明文件（复印件）。③无公害农产品生产质量控制措施。④无公害农产品生产操作规程。⑤符合规定要求的《产地环境检验报告》和《产地环境现状评价报告》或者符合无公害农产品产地要求的《产地环境调查报告》。⑥符合规定要求的《产品检验报告》。⑦规定提交的其他相应材料。

申请产品扩项认证，可提交材料①④⑥和有效的无公害农产品产地认定证书。

申请复查换证，可提交材料①⑥⑦和原无公害农产品产地认定证书和无公害农产品认证证书复印件，其中材料⑥的要求按《无公害农产品认证复查换证有关问题的处理意见》执行。

第二，同一产地、同一生长周期、适用同一无公害食品标准生产的多种产品在申请认证时，检测产品抽样数量原则上采取按照申请产品数量开二次平方根（四舍五入取整）的方法确定，并按规定标准进行检测。申请之日前两年内部、省监督抽检质量安全不合格的产品应包含在检测产品抽样数量之内。

第三，县级工作机构自收到申请之日起十个工作日内，负责完成对申请人申请材料的形式审查。符合要求的，在《无公害农产品产地认定与产品认证报告》（以下简称《认证报告》）签署推荐意见，连同申请材料报送地级工作机构审查；不符合要求的，书面通知申请人整改、补充材料。

第四，地级工作机构自收到申请材料、县级工作机构推荐意见之日起15个工作日内，对全套申请材料进行符合性审查。符合要求的，在《认证报告》上签署审查意见（北京、天津、重庆等直辖市和计划单列市的地级工作合并到县级一起完成），报送省级工作机构；不符合要求的，书面告知县级工作机构通知申请人整改、补充材料。

第五，省级工作机构自收到申请材料及县、地两级工作机构推荐、审查意见之日起 20 个工作日内，应当组织或者委托地县两级有资质的检查员按照《无公害农产品认证现场检查工作程序》进行现场检查，完成对整个认证申请的初审，并在《认证报告》上提出初审意见。

通过初审的，报请省级农业行政主管部门出具《无公害农产品产地认定与产品认证现场检查报告》并及时报送农业农村部农产品质量安全中心各业务对口分中心复审。

未通过初审的，书面告知地县级工作机构通知申请人整改、补充材料。

第六，本工作流程规范未对无公害农产品产地认定和产品认证做调整的内容，仍然按照原有无公害农产品产地认定与产品认证相应规定执行。

第七，农业农村部农产品质量安全中心审核颁发无公害农产品证书前，申请人应当获得无公害农产品产地认定证书或者省工作机构出具的产地认定证明。

3. 无公害农产品标志及管理

（1）无公害农产品标志的基本图案

无公害农产品标志由绿色和橙色组成，其标志图案主要由麦穗、对钩和"无公害农产品"汉字组成，标志整体为绿色，其中麦穗与对钩为金色。绿色象征环保和安全，金色寓意成熟和丰收，麦穗代表农产品，对钩表示合格。标志图案直观、简洁、易于识别，含义通俗易懂。无公害农产品标志是由农业农村部和国家认监委联合制定并发布，是加施于获得全国统一无公害农产品认证的产品或者产品包装上的证明性标识。

（2）无公害农产品标志的使用

在经过无公害农产品产地认定的基础上，在该产地生产农产品的企业和个人，按要求组织材料，经过省级工作机构、农业农村部农产品质量安全中心专业分中心、农业农村部农产品质量安全中心的严格审查、评审，符合无公害农产品标准，同意颁发无公害农产品证书并许可加贴标志的农产品，才

可以冠以"无公害农产品"称号。

（3）处罚规定

伪造、变造、盗用、冒用、买卖和转让无公害农产品标志以及违反《无公害农产品管理办法》规定的，按照国家有关法律法规的规定，予以行政处罚；构成犯罪的，依法追究其刑事责任。

从事无公害农产品标志管理的工作人员滥用职权、徇私舞弊、玩忽职守，由所在单位或者所在单位的上级行政主管部门给予行政处分；构成犯罪的，依法追究刑事责任。

4. 申请无公害农产品认证程序

申请人与当地农业部门联系—进行产地土壤、水、产品抽样检验—编写申请认证材料—进行现场检查—材料齐全之后报农产品质量安全中心审核—通过审核后订购无公害农产品标识—颁证。

首次申请无公害农产品认证需要的材料：①《无公害农产品产地认定与产品认证申请和审查报告》（简称《申请和审查报告》）。② 国家法律法规规定申请人必须具备的资质证明文件（如营业执照、组织机构代码证、法人代表身份证）复印件。③ 无公害农产品内检员证书复印件。④ 无公害农产品生产质量控制措施（内容包括组织管理、投入品管理、卫生防疫、产品检测、产地保护等措施及技术操作规程）。⑤ 最近生产周期农业投入品（农药、肥料等）使用记录复印件。⑥《产地环境检验报告》及《产地环境现状评价报告》。⑦《产品检验报告》原件或复印件加盖检测机构印章（一品一检）。⑧《无公害农产品认证现场检查报告》原件（不能打印，一律手填）。此报告由市级以上农业部门填写。⑨ 无公害农产品认证信息登录表（电子版）。⑩ 其他要求提交的有关材料。

申请扩项认证无公害农产品需要的材料：①《无公害农产品产地认定与产品认证申请和审查报告》。② 最近生产周期农业投入品（农药、肥料等）使用记录复印件。③ 无公害农产品产地认定证书及已获得的无公害农产品证书复印件。④《产品检验报告》原件或复印件加盖检测机构印章（一品一检）。⑤《无公害农产品认证现场检查报告》原件（不能打印，一律手填）。此报告由市级以上农业部门填写。⑥ 无公害农产品认证信息登录表（电子版）。

申请无公害农产品复查换证需要的材料：①《无公害农产品产地认定与产品认证申请和审查报告》。② 原无公害农产品产地认定证书和无公害农产品认证证书复印件。③《无公害农产品认证现场检查报告》原件（不能打印，一律手填）。此报告由市级以上农业部门填写。④ 产品质量稳定、安全的证明材料（如产品检验报告，或有效期内的产品监督抽检报告，或县、市农业部门证明）。⑤ 原证书有效期间的无公害农产品产地监督检查评价表（此报告由市级以上农业部门填写）。⑥ 无公害农产品认证信息登录表（电子版）。⑦ 其他需要提交的材料，如产品信息变化情况说明。

（二）绿色食品的认证

绿色食品在产地、生产规范以及产品等方面的标准都比无公害农产品高。绿色食品是指遵循可持续发展原则，按特定生产方式生产，经专门机构认定，许可使用绿色食品标志，无污染、安全、优质、营养类食品。

中国的绿色食品标准是由中国绿色食品发展中心组织制定的统一标准，根据标准不同将其分为 A 级和 AA 级两个级别。A 级绿色食品的标准是参照发达国家食品卫生标准和联合国食品法典委员会的标准制定的，要求产地环境质量评价项目的综合污染指数不超过 1，在生产加工过程中，允许限量、限品种、限时间地使用安全的人工合成农药、兽药、渔药、肥料、饲料及食品添加剂。AA 级绿色食品的标准是根据国际有机农业运动联合会有机产品的基本原则，参照有关国家有机食品认证的标准，再结合中国的实际情况而制定的。要求产地环境质量评价项目的单项污染指数不得超过 1，生产过程中不得使用任何人工合成的化学物质，并且产品需要 3 年的过渡期。

1. 绿色食品标准

绿色食品标准以"从农田到餐桌"全程质量控制理念为核心，由以下四个部分构成，并且分为 A 级和 AA 级两个技术等级。

（1）绿色食品产地环境标准

绿色食品产地环境标准即《绿色食品产地环境技术条件》（NY/T 391）。该标准规定了产地的空气质量标准、农田灌溉水质标准、渔业水质标准、畜禽养殖用水标准和土壤环境质量标准的各项指标以及浓度限值、监测和评价方法。提出了绿色食品产地土壤肥力分级和土壤质量综合评价方法。

① AA 级绿色食品环境质量标准。AA 级绿色食品大气环境质量评价，采用国家大气环境质量标准（GB 3095—1996）中所列的一级标准；农田灌溉水评价，采用国家农田灌溉水质标准（GB 5084—2021）；养殖用水评价采用国家渔业水质标准（GB 11607—89）；加工用水评价采用生活饮用水质标准（GB 5749—2022）；畜禽饮用水评价采用国家地面水质标准（GB 3838—2002）中所列三类标准；土壤评价采用该土壤类型背景值（详见中国环境监测总站编《中国土壤环境背景值》）的算术平均值加两倍标准差。AA 级绿色食品产地的各项环境监测数据均不得超过有关标准。② A 级绿色食品环境质量标准。A 级绿色食品的环境质量评价标准与 AA 级绿色食品相同，但其评价方法采用综合污染指数法，绿色食品产地的大气、土壤及水等各项环境监测指标的综合污染指数均不得超过 1。

（2）绿色食品生产技术标准

绿色食品生产过程的控制是绿色食品质量控制的关键环节。绿色食品生产技术标准是绿色食品标准体系的核心，它包括了绿色食品生产资料使用准则和绿色食品生产技术操作规程两部分。

绿色食品生产资料使用准则是对绿色食品生产过程中物质投入的一个原则性规定，它包括生产绿色食品的农药、肥料、食品添加剂、饲料添加剂、兽药和水产养殖药的使用准则，对允许、限制和禁止使用的生产资料以及其使用方法、使用剂量、使用次数和休药期等做出了明确的规定。

绿色食品生产技术操作规程是以上述准则为依据，按作物种类、畜牧种类和不同农业区域的生产特性分别制定的，用于指导绿色食品生产活动，规范绿色食品生产技术的技术规定，包括农产品种植、畜禽饲养、水产养殖和食品加工等技术操作规程。

①AA 级绿色食品生产技术标准。AA 级绿色食品在生产过程中禁止使用任何有害化学合成肥料、化学农药及化学合成食品添加剂。其评价标准采用《绿色食品添加剂使用准则》（NY/T 392—2021）、《生产绿色食品的农药使用准则》（NY/T 393—2023）、《生产绿色食品的肥料使用准则》（NY/T 394—2021）及有关地区的《绿色食品生产操作规程》的相应条款。②A 级绿色食品生产技术标准。A 级绿色食品在生产过程中允许限量使用限定的化学合成物质，其评价标准采用《绿色食品添加剂使用准则》（NY/T 392—2021）、《生产绿色食品的农药使用准则》（NY/T 393—2023）、《生产绿色食品的肥料使用准则》（NY/T 394—2021）以及有关地区的《绿色食品生产操作规程》的相应条款。

（3）绿色食品产品标准

绿色食品标准规定了食品的外观品质、营养品质和卫生品质等内容，但其卫生品质要求高于国家现行标准，主要表现在对农药残留和重金属的检测项目种类多、指标严。绿色食品安全卫生标准主要包括六六六、滴滴涕、敌敌畏、乐果、对硫磷、马拉硫磷、杀螟硫磷、倍硫磷等有机农药和砷、汞、铅、镉、铬、铜、锡、锰等有害金属、添加剂以及细菌三项指标，有些还增设了黄曲霉毒素、硝酸盐、亚硝酸盐、溶剂残留、兽药残留等检测项目。绿色食品加工的主要原料必须是来自绿色食品产地的、按绿色食品生产技术操作规程生产出来的产品。绿色食品产品标准反映了绿色食品生产、管理和质量控制的先进水平，突出了绿色食品产品无污染和安全的卫生品质。

（4）绿色食品包装、储藏运输标准

包装标准规定了进行绿色食品产品包装时应遵循的原则，包装材料选用的范围、种类、包装上的标识内容等。要求产品包装从原料、产品制造、使用、回收和废弃的整个过程都应有利于食品安全和环境保护，包括包装材料的安全、牢固性，节省资源、能源，减少或避免废弃物产生，易回收循环利用，可以降解等具体要求和内容。

2. 绿色食品认证

申请人必须是企业法人，社会团体、民间组织、政府和行政机构等不可作为绿色食品的申请人。同时，还要求申请人具备以下条件：① 具备绿色食品生产的环境条件和技术条件。② 生产具备一定规模，具有较完善的质量管理体系和较强的抗风险能力。③ 加工企业须生产经营一年以上方可受理申请。

有下列情况之一者，不能作为申请人：① 与绿色食品发展中心和省绿色食品管理办公室有经济或其他利益关系的。② 可能引致消费者对产品来源产生误解或不信任的，如批发市场、粮库等。③ 纯属商业性的企业（如百货大楼、超市等）。

绿色食品认证的程序：企业提交申请和相关材料，经过文审（必要时省绿色食品办公室到现场指导）、现场检查，同时安排环境质量现状调查和产品抽样，检查结果：环境检测和产品检测报告汇总后，合格者颁发证书。证书有效期是三年，具体认证程序如下：

（1）认证申请

申请人填写并向所在省绿色食品办公室（简称省绿办；下同）递交《绿色食品标志使用申请书》《企业及生产情况调查表》及材料：保证执行绿色食品标准和规范的声明、生产操作规程（种植规程、养殖规程、加工规程）、公司对"基地+农户"的质量控制体系（包括合同、基地图、基地和农户清单、管理制度）、产品执行标准、产品注册商标文本（复印件）、企业营业执照（复印件）、企业质量管理手册和要求提供的其他材料（通过体系认证的，附证书复印件）。

（2）受理及文审

省绿办收到上述申请材料后，进行登记、编号，5 个工作日内完成对申请认证材料的审查工作，并向申请人发出《文审意见通知单》，同时抄送中心认证处。申请认证材料不齐全的，要求申请人在收到《文审意见通知单》后十个工作日内提交补充材料。申请认证材料不合格的，通知申请人本生长周期不再受理其申请。

（3）现场检查、产品抽样

省绿办应在《文审意见通知单》中明确现场检查计划，并在计划得到申请人确认后委派两名或两名以上检查员进行现场检查。检查员根据《绿色食品检查员工作手册（试行）》和《绿色食品产地环境质量现状调查技术规范（试行）》当中规定的有关项目进行逐项检查。现场检查和环境质量现状调查工作在五个工作日内完成，完成后 5 个工作日内向省绿办递交现场检查评估报告和环境质量现状调查报告及有关调查资料。现场检查合格，可以安排产品抽样；现场检查不合格，不安排产品抽样。

（4）环境监测

绿色食品产地环境质量现状调查由检查员在现场检查时同步完成。经调查确认，产地环境质量符合《绿色食品产地环境质量现状调查技术规范》规定的免测条件，免做环境监测。根据《绿色食品产地环境质量现状调查技术规范》的有关规定，经调查确认，必须进行环境监测的，省绿办自收到调查报告两个工作日内以书面形式通知绿色食品定点环境监测机构进行环境监测，同时将通知单抄送中心认证处。定点环境监测机构收到通知单后，在 40 个工作日内出具环境监测报告，连同填写的《绿色食品环境监测情况表》，直接报送到中心认证处，同时抄送省绿办。

（5）产品检测

绿色食品定点产品监测机构自收到样品、产品执行标准、《绿色食品产品抽样单》、检测费后，20 个工作日内完成检测工作，出具产品检测报告，连同填写的《绿色食品产品检测情况表》，报送中心认证处，同时抄送省绿办。

（6）认证审核

省绿办收到检查员现场检查评估报告与环境质量现状调查报告后，三个工作日之内签署审查意见，并将认证申请材料、检查员现场检查评估报告、环境质量现状调查报告及《省绿办绿色食品认证情况表》等材料报送中心认证处。中心认证处收到省绿办报送材料、环境监测报告、产品检测报告及申请人直接寄送的《申请绿色食品认证基本情况调查表》后，进行登记、编号，在确认收到最后一份材料后两个工作日内下发受理通知书，书面通知申请人，并抄送省绿办。中心认证处组织审查人员及有关专家对上述材料进行审核，20个工作日内做出审核结论。审核结论为"有疑问，需现场检查"的，中心认证处在两个工作日内完成现场检查计划，书面通知申请人，并抄送省绿办。得到申请人确认后，五个工作日内派检查员再次进行现场检查。审核结论为"材料不完整或需要补充说明"的，中心认证处向申请人发送《绿色食品认证审核通知单》，同时抄送省绿办。申请人需在20个工作日内将补充材料报送中心认证处，并抄送省绿办。审核结论为"合格"或"不合格"的，中心认证处将认证材料、认证审核意见报送至绿色食品评审委员会。

（7）认证评审

绿色食品评审委员会自收到认证材料、认证处审核意见后十个工作日内进行全面评审，并做出认证终审结论。结论为"认证不合格"，评审委员会秘书处在做出终审结论两个工作日内，将《认证结论通知单》发送给申请人，并且抄送省绿办。本生长周期不再受理其申请。

（8）颁证

中心在15个工作日内将办证的有关文件寄送给"认证合格"的申请人，并抄送省绿办。申请人在60个工作日内与中心签订《绿色食品标志商标使用许可合同》。

3. 绿色食品标志及管理

（1）绿色食品标志的基本图案

绿色食品标志用特定图形来表示。绿色食品标志图形由三部分构成：上方的太阳、下方的叶片和中心的蓓蕾，分别代表了生态环境、植物生长和生命的希望。标志图形为正圆形，意味着保护、安全。整个图形描绘了一幅明媚阳光照耀下的和谐生机，告诉人们绿色食品是出自纯净、良好生态环境的安全、无污染食品，能给人们带来无限的生命力。绿色食品标志还提醒人们要保护环境与防止污染，通过协调人与环境的关系，创造自然界新的和谐。

（2）标志管理

绿色食品标志作为特定的产品质量证明商标，已由中国绿色食品发展中心在国家知识产权局商标局注册，绿色食品标志商标专用权受《中华人民共和国商标法》保护，这样既有利于约束和规范企业的经济行为，又有利于保护广大消费者的利益。获得绿色食品标志使用权的产品在使用时，须严格按照《绿色食品标志设计标准手册》的规范要求正确设计，并在中国绿色食品发展中心认定的单位印制。使用绿色食品标志的单位和个人须严格履行"绿色食品标志使用协议"。

中国绿色食品发展中心开展绿色食品认证和绿色食品标志许可工作，可以收取绿色食品认证费和标志使用费。绿色食品认证费由申请获得绿色食品标志使用许可的企业在申请时缴纳，具体收费标准按有关规定执行。绿色食品标志使用费由获得绿色食品标志使用许可的企业在每个绿色食品使用年度开始前缴纳，标志使用权有效期三年。收取认证费和标志使用费的有关事项，应在《绿色食品标志商标使用许可合同》中依照本办法的有关规定予以约定。未按规定缴纳认证费或标志使用费的，中国绿色食品发展中心可以对其做出不予或者终止绿色食品标志使用许可的处理。

三、农产品质量安全追溯

可追溯性标签记载了农产品的可读性标识信息，通过标签中的编码可方便地到农产品数据库中查找有关农产品的详细信息。通过可追溯性标签也可帮助企业确定产品的流向，便于对产品进行追踪和管理。

（一）电子式追溯管理

电子式追溯管理是以电子化信息为手段、检测合格为控制点、追溯码贯穿始终的农产品质量安全追溯管理体系，实现农产品质量电子信息的正向监控与逆向追溯，这也是具有杭州特色的追溯管理体系的重要组成部分。这种方法适用于散装的农产品，如蔬菜、水果、水产品、畜产品和茶叶等，可以采用二维码（或一维码）信息进行追溯，也可采用芯片信息进行追溯。

采用二维码信息进行追溯，各地有不同的软件设计和应用，消费者可以利用自己的手机、自动柜员机或计算机进行查询。二维码可分为三种类型：一是采用计算机跟踪追溯；二是采用耳标信息追溯；三是采用防伪标志进行追溯。

（二）书写式追溯管理

利用纸质材料，用手工书写的方式传递产品信息，实现可追溯。这种方法是在没有电脑或电子信息系统的情况下使用，其优点是简便，缺点是纸质材料易破损甚至字迹不清。

首先，实行产地证明制度。产品出厂有产地证明，写明业主、产地、产品合格性、出品时间、销售去向等可追溯信息。一般情况下，产地准出证明由生产者出具。

在此基础上，实行"一票通"管理。产品进入市场后，经营者按产地证明信息书写"三联单"，产品在流通过程中，"三联单"跟随产品直至到消费者手中。实现追溯管理的基础是生产领域控制好农产品质量安全信息。

（三）包装式追溯管理

包装式追溯是指具有追溯功能的包装，即对每一个产品的外包装进行标记，且每一个产品标识都是唯一的，使标记和被追溯对象有一一对应关系，使用包装式追溯具有以下优点：① 可追溯性包装能够识别直接供方的进料和终端产品的分销途径。② 可追溯性包装具有唯一标识，其产品的个体和批次标识都具有唯一性。③ 通过可追溯性包装上的标识，可以了解到产品或者厂家相关信息，如地址、联系电话等。④ 企业可以通过可追溯性包装来加强对分销商的控制，有利于防伪、防窜货。

（四）农产品质量安全的追溯管理要求

1. 生产环节的控制要求

（1）投入品记录

农产品生产过程的苗种、饲料、肥料、药物等投入品，在进货之时，应收集进货票据，并进行登记。

（2）生产者建档

农产品生产者按"一场一档"的要求建立生产者档案。农业生产的管理部门应建立农产品生产基地和企业的档案，进行信息登记，并向登记的生产者发放"农产品产地标志卡"，内容应包括唯一性编号、基地名称或代号等信息。

（3）生产过程记录

种植过程记录内容包括种植的产品名称、数量、生产起始时间、使用农药化肥的记录、产品检测记录。养殖过程记录包括养殖种类和品种、饲料和饲料添加剂、兽（鱼）药、防疫、病死情况、出场（栏）日期、各种检测等记录。

（4）销售记录

农产品从生产领域进入流通领域时，农产品生产者要做好销售记录。内容包括销售产品的名称、数量、日期、销售去向、相关质量状况等。

2. 从生产到流通的对接要求

生产领域的农产品进入流通领域时，应向流通领域提供相关农产品产地标识卡、产地证明或质量合格证明等；交易时应向采购方提供交易信息票据，内容应该包括品名、数量、交易日期和供应者登记号等信息。

3. 农产品质量安全追溯管理各相关方职责

农产品生产企业是生产领域质量安全追溯管理第一责任人，负责进行生产质量安全的控制、农产品溯源台账的建立和管理等工作；农产品生产的管理部门负责组织生产领域农产品质量安全相关的培训、宣传，建立生产基地台账，发放相关产品产地标志。

4. 实行严格的产品质量控制制度

① 农产品出场时，生产者应进行农药残留或者感官的自检；农业管理部门按监督检测制度实施农产品的抽查、检测，并公布检测结果。② 生产者发现产品不合格时，应及时采取措施，不得将不合格产品进行流通销售。当销售到流通环节的农产品被确认有安全问题时，生产者应做好追溯、召回工作。③ 农业生产的管理部门应督促进行质量安全的追溯，当不合格农产品已进入流通领域，要要求生产企业召回那些不合格产品，按溯源流程进行不合格产品的追溯。

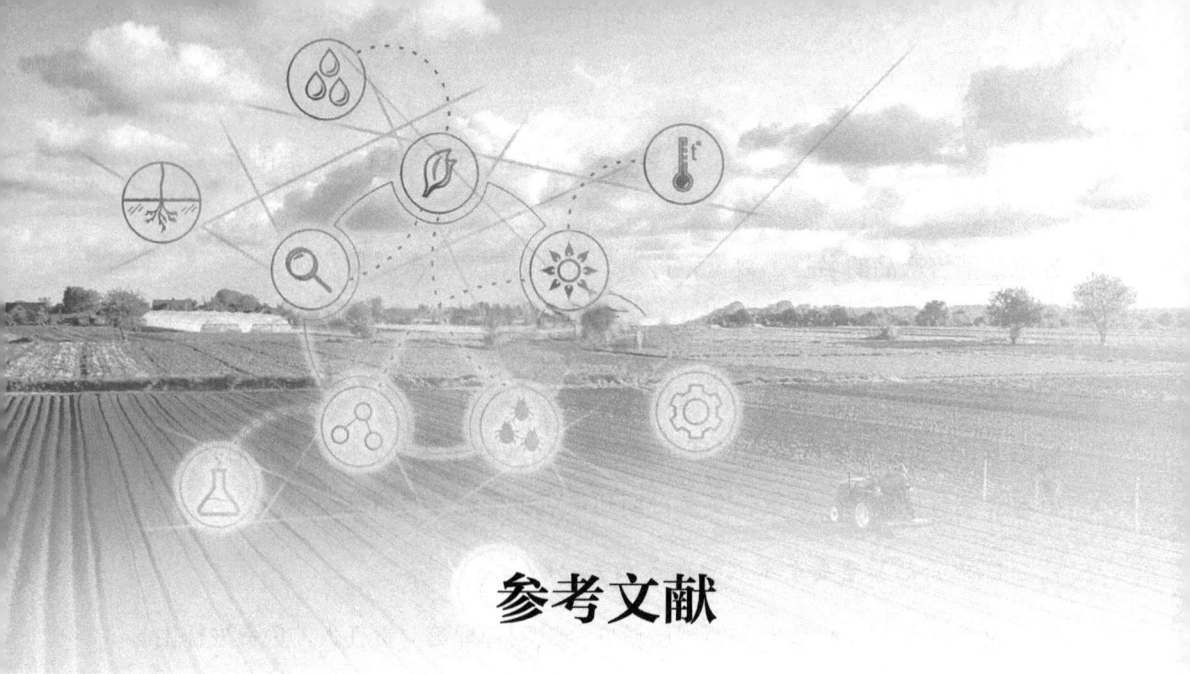

参考文献

[1] 陈威. 基于新农村建设背景下的农业经济管理 [J]. 吉林蔬菜, 2024 (1): 221.

[2] 高凤芹, 韩莹, 李美娟. 现代农业经济发展及农业产业化发展探究 [M]. 北京: 中国书籍出版社, 2024.

[3] 高智慧. 农业经济管理与农村经济发展的关联性分析[J]. 财经界, 2024 (14): 15-17.

[4] 何姗姗. 新农村建设背景下农业经济管理探析 [J]. 农业技术与装备, 2024 (3): 84-86.

[5] 纪红梅, 武瑜春, 柳拥军. 现代农业经济与管理实务 [M]. 哈尔滨: 哈尔滨出版社, 2023.

[6] 解文芳, 李红, 姚玲. 现代农业经济与管理实践研究 [M]. 太原: 山西人民出版社, 2024.

[7] 李宝燕. 乡村振兴背景下农业经济管理创新探究[J]. 农业开发与装备, 2024 (7): 98-100.

[8] 李墨霞. 农业经济管理对农村经济发展的作用微探 [J]. 经济师, 2024

（3）：150-151.

[9] 李倩. 经济管理理论与实践探索［M］. 长春：吉林人民出版社，2023.

[10] 李万臣. 转型发展期的农业经济管理分析［J］. 中国农业会计，2024（19）：110-112.

[11] 李文华. 现代生态农业研究与展望［M］. 北京：龙门书局，2024.

[12] 李自满. 农业经济管理与可持续发展研究［M］. 北京三合骏业文化传媒有限公司，2024.

[13] 林玲. 基于信息化角度下的农业经济管理探究［J］. 农业开发与装备，2024（6）：65-67.

[14] 刘佃富. 试析农业经济管理对农村经济发展的促进作用［J］. 江西农业，2024（6）：146-147，150.

[15] 刘恩胜. 新时期农业经济与管理实务研究［M］. 北京：线装书局，2024.

[16] 孟海红，王艳芹. 农业经济管理理论与实践研究［M］. 长春：吉林人民出版社，2023.

[17] 申英淑. 新农村建设背景下农业经济管理探析［J］. 棉花科学，2024，46（1）：146-148.

[18] 宋银佳. 新时代农业经济管理对乡村振兴的促进作用［J］. 农村经济与科技，2024（10）：28-31.

[19] 孙金勇，侯黎杰，王俊晓. 农业经济管理与发展探究［M］. 长春：吉林科学技术出版社，2023.

[20] 孙鹏程，黄琛杰，李娜. 大数据时代下农业经济发展的探索［M］. 北京：中国商务出版社，2023.

[21] 田光香，周安娜，杨成玲. 农业经济管理与产业化发展探究［M］. 北京：中国书籍出版社，2024.

[22] 王兰花. 信息化在农业经济管理中的应用［J］. 河北农机，2023（14）：60-62.

[23] 王龙龙. 农业经济管理对农村经济发展的促进作用［J］. 河北农机，

2024（8）：154-156.

［24］肖卓霖. 农业经济管理与农村经济发展研究［M］. 哈尔滨：哈尔滨出版社，2023.

［25］熊艳丽. 数字经济时代下农业经济管理数字化发展研究［J］. 棉花科学，2024（3）：140-142.

［26］徐福锁. 农业经济管理的信息化建设研究［J］. 财经界，2024（2）：15-17.

［27］杨文吉. 新农村建设背景下农业经济管理的优化路径分析［J］. 江西农业，2024（5）：167-169.

［28］张俊. 浅析农业经济管理对农村经济发展的促进作用［J］. 中小企业管理与科技，2024（7）：158-160.

［29］赵燕，宁辰宇，李嘉欣. 农业经济管理对农村经济发展的影响［J］. 江西农业，2024（16）：152-153，156.

［30］朱晓红. 农业大数据在农业经济管理中的应用［J］. 中国农业会计，2024（4）：109-111.